MW01536849

Retorica
Argumenteren als Aristoteles

Robert J. Adrianus

Copyright © 2020 Robert J. Adrianus

Alle rechten voorbehouden.

ISBN: 9798576006694

"Wie een boekencollectie en een tuin heeft, wil niets meer dan dat."

--- Marcus Tullius Cicero

INHOUDSOPGAVE

DANKWOORD

Voor allen die hard hebben gewerkt, en hun leven
geriskeerd, om te zorgen dat de kennis van de oudheid,
aan ons over is gedragen. Accepteer dit werk als dank,
dat deze overgave, die al duizenden jaren plaats vindt,
nog duizenden jaren meer plaats vinden zal.

VOORWOORD

Retorica, of retoriek, is de antieke kunst van het redevoeren. De kunst van het overtuigen, en het welbespraakt zijn. Alhoewel de Nederandse Wikipedia een onderscheid maakt tussen retoriek en retorica, zullen we ze hier als synoniemen gebruiken. Het ene klinkt enkel wat deftiger dan het andere.

"Want boeken zijn meer dan boeken, ze zijn het leven, het hart en de kern van vervlogen tijden, de reden waarom mensen werkten en stierven, de essentie en kwintessens van hun leven."

"For books are more than books, they are the life, the very heart and core of ages past, the reason why men worked and died, the essence and quintessence of their lives."

— Cicero

Dit boek is niet heel dik, en daar is een goede reden voor. Zoals Cicero beaamt, moet een boek geen onnodige woorden bevatten. Alles moet gericht zijn op de les die men wil leren. Het boek baseert zich op de lessen van Aristoteles, Cicero, en anderen. Mijn versies van deze oude boeken zijn in het Engels, en daarom neem ik altijd de Engelse 'originele' tekst, met daarboven de Nederlandse vertaling. In sommige gevallen is de Engelse tekst, voor iemand die Engels spreekt, mogelijkerwijs eenvoudiger en duidelijker.

''Als u instructies wilt geven, wees dan beknopt; dat het verstand van mensen snel in zich opneemt wat u zegt, de les leert en deze trouw vasthoudt. Elk woord dat onnodig is, stroomt alleen over de rand van een overvolle geest.''

"When you wish to instruct, be brief; that men's minds take in quickly what you say, learn its lesson, and retain it faithfully. Every word that is unnecessary only pours over the side of a brimming mind."

— Cicero

Ik hoop dat het boek bevalt. Niet alleen omdat er iets leerzaams in staat, maar ook omdat het tot op zekere hoogte vermakelijk is. Mocht dat niet het geval zijn, dan verwijs ik je graag naar de onderstaande quote.

''Wijsheid komt alleen door lijden.''

''Wisdom comes alone through suffering.''

---- Aeschylus

1 GERRIT SMITH

Heb je ooit gehoord van ene Gerrit Smith? Weet je wie hij was? Weet je wat hij wou bereiken? Waarschijnlijk is je antwoord daarop een 'nee'. En terecht, waarom zou je? Maar, heb je ooit gehoord van Abraham Lincoln? Zelfs als Nederlander is het antwoord daarop zeer waarschijnlijk een 'ja', zelfs al weet je niet meer precies wat hij gedaan heeft. Maar waarom kennen we Abaham Lincoln wel, en Gerrit Smith niet?

"Ik ben een simpele man en ik interesseer me, noch weet weinig over, retoriek."

"I am a plain man and I care and know comparatively little about rhetoric."

– Gerrit Smith

Wie is deze Gerrit dan? Hij was een rijke Amerikaan die in de 19ᵉ eeuw leefde. Gerrit was een man met grote dromen. Hij wou de wereld veranderen. Hij wou een einde maken aan de slavernij. Hij wou vrouwen het stemrecht geven. En wij wou een wereld gebaseerd op vrije handel en gelijke mogelijkheden. Het waren controversiele doelen voor een pre-burgeroorlog 19ᵉ eeuws Amerika. De afschaffing van de slavernij is het enige dat tijdens zijn leven uitgekomen is, maar niet dankzij hem. Niet geheel verbazingwekkend dat hij ook weinig historische belangstelling verwezenlijkt heeft. We weten allemaal dat Abraham Lincoln een grote rol gespeeld heeft in de afschaffing van de slavernij. We weten dat Martin Luther King Jr. een speech over gelijke burgerrechten gehouden heeft. Maar wat weet iemand nog over Gerrit?

Gerrit kreeg niet veel meer voor elkaar dan het doneren van zijn geld aan anderen. Hij doneerde miljoenen. Hij was rijk en wou de wereld veranderen. Desondanks heeft hij weinig bereikt, zeker vergeleken met de tijd, moeite, en geld die hij erin heeft gestoken. Dat is niet doordat hij het niet geprobeerd heeft. Hij kandideerde zich voor president van de Verenigde Staten drie maal. In 1848, 1856, en 1860. Hoe vaak heeft hij gewonnen? Nul keer. Hij probeerde, en hij faalde. Hij probeerde opnieuw, en hij faalde opnieuw. Driemaal is scheepsrecht, en toen heeft hij dan ook opgegeven. Wat zou hij bereikt hebben als hij president geworden was? Hadden vrouwen een halve eeuw eerder het stemrecht gekregen? Was onze wereld vrijer, gelijker, en progressiever geweest? We zullen het nooit weten.

Vaak wordt beweerd dat geld het enige is dat noodzakelijk is om president te worden. Maar dan zien we het voorbeeld van Gerrit, een van de grootste landbezitters van het land. En hij faalde keer op keer. De waarheid is dat geld alleen nooit genoeg is om tot president gekozen te worden. Het is niet geld, maar retoriek, dat het verschil uitmaakt. Dat wordt ook nog maar bevestigd door een onderzoek uit het boek 'Freakonomics', waar ze de relatie uitzoeken tussen het beschikbare geld van een kandidaat, en hun kans om te winnen. Zij stelden de vraag of het daadwerkelijk geld was dat de winnaar bepaalde. Garandeert meer fondsen het behalen van de overwinning? Ze ontdekten dat een verlliezende kandidaat zijn fondsen kon verdubbelen, en slechts een 1% voordeel zou behalen in de verkiezingsuitkomst. De winnende kandidaat kon de uitgaven met de helft verminderen, en slechts een daling van 1% zien in de uitkomst. Alhoewel 1% doorslaggevend kan zijn, is het desondanks een bijzonder klein effect als het gaat om het halveren, danwel verdubbelen, van de fondsen.

Het lijkt erop dat de hoeveelheid geld die iemand in een verkiezing stopt, toch niet zo invloedrijk is! Een waarschijnlijkere theorie is dat geld niet de winnaar bepaalt, maar de winnaar simpelweg meer fondsen kan aantrekken, omdat het waarschijnlijker dat hij gaat winnen, en de donateurs liever aan de winnaar doneren om er later gunsten of goedwilligheid voor terug te krijgen. In plaats van geld dat het aantal stemmen bepaalt, was het het charisma en de speeches die de kandidaten gaven, wat bepaalde hoeveel geld ze zouden werven. En juist dat charisma en de speeches bepaalt voor het veruit grootste deel hoeveel stemmen ze krijgen op de verkiezingsdag. Daarbij komt nog, niemand wil natuurlijk geld doneren aan iemand die op het punt staat te verliezen. Dat is je geld wegsmijten. Organisaties doneren juist om zich in te likken bij de nieuwe machthebber.

Helaas voor onze progressieve Gerrit, negeerde hij de kunst van de retoriek volledig. Hij dacht dat hij met zijn geld zichzelf het Witte Huis in kon loodsen. Gerrit mag dan wel een religieuze man geweest zijn, hij negeerde desondanks de passage in Spreuken 26:11 "Zoals een hond terugkeert naar zijn eigen braaksel, zo herkauwt een dwaas zijn dwaasheid." Na de eerste keer te verliezen, had hij nog niet door dat zijn geld alleen niet genoeg was. Na de tweede keer, had hij het nog steeds niet door. Pas na de derde keer besefte hij dat het zo niet ging lukken, of misschien had hij tegen die tijd simpelweg al zijn geld al verbrast! Gerrit vergat retoriek, en de geschiedenis vergat Gerrit.

Michael Bloomberg maakte dezelfde fout als Gerrit in de presidentsverkiezingen van 2020. Hij stelde zich kandidaat voor de Democraten, en gaf maar liefst 500 miljoen dollar uit voor zijn campagne. De biljonair probeerde zich naar de voorgrond te kopen met een weelde aan advertenties op tv, billboards, en online. Zijn optreden in de eerste debatten was echter cruciaal, en daar presteerde hij flink ondermaats. Al zijn uitgaven mochten niet baten, en na de tegenvallende resultaten trok hij zich terug. De uiteindelijke strijd zou gaan tussen Donald Trump en Joe Biden.

2 DE SLECHTE NAAM VAN RETORIEK

Retoriek heeft een slechte naam, maar verdient die niet. Retoriek moet door politici gebruikt worden om te winnen. Gezien de lat zo laag ligt betreffende retoriek hedentendage, is succes vrijwel verzekerd voor een politicus die ook maar een middelmatig besef van retorica heeft. Met een beetje verstand van retoriek, is het al pijnlijk om naar de debatten te kijken en de slogans te horen waar politieke partijen mee aan komen zetten. Maar waarom heeft retoriek dan toch zo een slechte reputatie? Het doet ons denken aan de slechte politici die niks dan mooie woorden hebben, de populisten die met lege uitspraken de massa naar het oor praten. Woorden zonder inhoud. Betekenisloos gezwets. Een urenlang debat, zonder dat er iets zinnigs wordt gezegd. Zonder dat er ooit een duidelijke visie aan vast hangt. Maar, dat is helemaal niet wat retoriek is. Het is een jammerlijke reputatie van een nuttige vaardigheid, die iedereen zou moeten bezitten.

"Politici worden niet geboren; ze worden uitgescheiden."

"Politicians are not born; they are excreted."

— Marcus Tullius Cicero

Het gebruik van de echte retoriek zou politici in staat stellen om zich duidelijk uit te drukken, en overtuigend een visie te delen. Het is vol met inhoud, een duidelijke structuur, en sterke argumenten. Sterke retoriek zou een debat juist interessant maken, en een zinvolle tijdsbesteding om ernaar te kijken.

Daar bovenop komt misschien nog wel het belangrijkste punt; als het publiek ook een besef van retoriek heeft, is het beter in staat om door de onzin heen te prikken. Het is beter in staat om te zien waar een politici om de hete brei heen rommelt, en waar het een solide beargumentatie betreft.

Retoriek is niet voor de leeghoofdigen, het helpt juist om de leeghoofden eruit te filteren. Retoriek is de kunst van het overtuigen, en als politicus zou je ergens voor moeten staan. Je moet bepaalde geloven en waarden hebben.

Het kan dan moeilijker zijn dan het vinden van een naald in een hooiberg, maar ergens in Den Haag moet een integere politicus rondlopen. En juist voor die politici is retoriek zo belangrijk. Want zij, zij moeten anderen overtuigen dat hun ideeën correct zijn. Waarom zou iemand anders voor jou stemmen? Het probleem is dat vandaag de dag weinig politici weten hoe retoriek uberhaupt funktioneert, ze kunnen niemand ergens van overtuigen. Ze doen niks anders dan moties indienen, meedoen aan kansloze en saaie debatten, en belasting doorvoeren. En wat doe je als je zo'n politicus bent, die niemand kan overtuigen van waar jij voor staat? Simpel, je zegt ze wat ze willen horen. Je belooft ze dingen die je niet waar kan maken. Duizend euro voor iedereen! Geen geld naar Griekenland! Elke cent komt terug, met rente! Hoezee!

Voor zulke standpunten hoef je natuurlijk niemand te overtuigen van dat wat jij belangrijk vindt. Iedereen kan zulke beloftes maken. Nederland is als een roederloos schip dat met de wind mee drijft. Er is geen kapitein die koers houdt, want er is geen kapitein die een koers heeft en daar anderen van kan overtuigen. Waar brengt de toekomst ons heen?

En dan zegt men natuurlijk, ja, maar retoriek, dat kan worden misbruikt. Kijk naar Hitler, kijk naar andere demagogen. Ja, het kan worden misbruikt. Het kan voor onzin en kwalijke zaken worden aangewend. Maar, als we de rationaliteit en helderheid van retoriek gebruiken, is het dan niet juist waarschijnlijker dat we de waarheid vinden?

"Zullen we niet, zoals boogschutters die een merkteken hebben om op te richten, eerder geneigd zijn om te raken wat juist is?"

"Shall we not, like archers who have a mark to aim at, be more likely to hit upon what is right?"

— Aristoteles

En elk jaar zijn mensen verbaasd dat de belastingen omhoog gaan. Dat ze toch geen duizend euro extra op hun bankrekening gestort kregen. En hoe de lange-termijn gezondheid van de economie verder wegzakt. De beloftes van politici worden zelden vervuld. De politici zelf hebben nauwelijks concrete plannen hoe ze die plannen uit zouden moeten voeren, en als een journalist kritische vragen stelt draaien ze er omheen met loze woorden.

Die leegheid, dat is geen retoriek, dat is een gebrek aan retoriek! Cicero en Aristoteles zouden haarfijn kunnen uitleggen wat het probleem is, en wat ze van plan zijn.

"Ten eerste, heb een bepaald, duidelijk praktisch ideaal; een doel, een streven. Ten tweede: beschik over de nodige middelen om uw doelen te bereiken; wijsheid, geld, materialen en methoden. Ten derde, pas al uw middelen aan om dat doel te bereiken."

13

"First, have a definite, clear practical ideal; a goal, an objective. Second, have the necessary means to achieve your ends; wisdom, money, materials, and methods. Third, adjust all your means to that end."

— Aristoteles

Het probleem is dat veel politici sowieso geen visie hebben. Zonder een visie, is het moeilijk om er iets moois van te maken. Maar een politicus die wel een visie heeft, die gaat het niet redden in de politiek zonder kennis van de retorica. Zij moeten hun waarden en visies die in hun kop zitten kunnen omzetten naar woorden die mensen kunnen overtuigen. Ze moeten anderen overtuigen dat hun visie ideaal is. Een deel van de bevolking is het er misschien al mee eens, maar om de rest te krijgen, om de meerderheid te krijgen, is de kunst der overtuiging noodzakelijk.

Retorica is onze oplossing, onze verlossing, onze aflossing. Onze wereld heeft veel problemen, alhoewel mensen het vaak oneens zijn over wat die problemen precies zijn en hoe we ze het beste kunnen oplossen. We moeten eerst ontdekken welke problemen echt zijn, hoe we ze oplossen, en mensen overtuigen zodat ze deze oplossingen ook ondersteunen – daarvoor hebben we retoriek nodig. Retoriek is de arts die onze samenleving nodig heeft om de diagnose te stellen en de juiste ingreep aan te raden.

''Het is absurd om vast te houden dat een man zich
moet schamen voor zijn onkunde zichzelf te verdedigen
met zijn armen en benen, maar zich niet hoeft te
schamen voor zijn onkunde zichzelf te verdedigen met
zijn spraak en redenering; want het gebruik van
rationale spraak is onderscheidender voor de mens dan
het gebruik van arm en benen.''

"It is absurd to hold that a man should be ashamed of
an inability to defend himself with his limbs, but not
ashamed of an inability to defend himself with speech
and reason; for the use of rational speech is more
distinctive of a human being than the use of his limbs."

— Aristoteles

3 HET BELANG VAN RETORIEK

Zelfs als je zelf geen interesse hebt om politicus te worden, zelfs niet voor de gemeenteraad, betekent dat nog niet dat retoriek voor jou geen waarde heeft. Homo sapiens zijn sociale dieren, of dat nu door de evolutie komt, of doordat God ons zo gemaakt heeft. Het gaat erom dat mensen nooit alleen geleefd hebben. De mannen, noch de vrouwen, verlieten hun stam om alleen door de wildernis te zwerven.

We zijn geen wolven. Misschien dat sommige mensen het her en der geprobeerd hebben, maar de natuurlijke selectie van Darwin zorgde ervoor dat deze individuen zich niet of nauwelijks voortgeplant hebben. De mensen die konden samenwerken, die overleefden in hun stam, in de stad, en in het land. Zij gingen en vermenigvuldigden zich. Onze samenleving is gebouwd op onze vaardigheid om samen te werken. De mensheid kan zonder samenwerking niet bestaan. Samenwerking kan niet bestaan zonder overtuiging. (Hoe zouden we anders weten waar we onze energie het beste aan kunnen besteden?) En overtuiging kan niet plaatsvinden zonder retoriek. Ergo, een succesvolle samenleving heeft retoriek nodig om zich te kunnen ontwikkelen.

"De mens is van nature een sociaal dier; een individu dat op natuurlijke wijze, en dus niet per ongeluk, niet sociaal is, is of onbenullig, of meer dan een mens. De samenleving gaat vooraf aan het individu. Iemand die niet aan de samenleving mee kan doen, of zo zelfvoorzienend is dat het niet nodig is, is ofwel een beest of een god."

"Man is by nature a social animal; an individual who is unsocial naturally and not accidentally is either beneath our notice or more than human. Society is something that precedes the individual. Anyone who either cannot lead the common life or is so self-sufficient as not to need to, and therefore does not partake of society, is either a beast or a god."

— Aristoteles

We zijn niet de enige soort die in groepen leeft. Mieren doen het ook. Mieren ontvangen hun bevelen door chemicaliën, waardoor ze precies weten welke opdracht ze moeten uitvoeren. Ze hoeven nooit ruzie te maken over wie wat doet, en ze hoeven nooit een discussie te voeren over welke richting ze als groep heen moeten. Mensen zijn anders. Wij hebben deze chemische balans niet. In plaats daarvan praten we de hele dag over wie wat doet, en welke koers de juiste is. Wat is belangrijk en wat niet? Om zo'n argument op te lossen zijn er twee mogelijkheden. We kunnen fysiek

17

geweld gebruiken om de tegenstander, letterlijk, een kopje kleiner te maken. En we doen dat tot de rest van de groep het plotseling met ons eens is. Of, in plaats van bruut geweld, intimidatie, en angst, kunnen we proberen de ander te overtuigen.

We kunnen ook proberen de ander te laten zien waarom onze conclusie juist is. En hoe bereieken we zulke overtuiging? Moeten we ze geld geven om onze conclusie te aanvaarden? Nee, dat is geen overtuiging, dat is omkoping. Om te zorgen dat ze onze visie daadwerkelijk tot zich nemen, erin geloven, en verder verspreiden, daarvoor hebben we retoriek nodig. Of dat in de Tweede Kamer is, in de vergaderzaal van je bedrijf, of in de keuken, retoriek komt overal van pas.

Retoriek zorgt ervoor dat we ze kunnen overtuigen om ons denkbeeld in te nemen. Als je tegenstander retoriek gebruikt, en jij niet, zul je je hele leven afvragen waarom dingen nooit gaan zoals jij het wil. Waarom steunt niemand jouw ideeën ooit? Waarom kijken jullie nooit naar de film die jij wou zien? Waarom doneert niemand in je omgeving aan de organisaties die jij belangrijk vindt? Om dat te veranderen, en om je leven wat makkelijker te maken, heb je retoriek nodig. En 'lucky you', je hebt het juiste boek al gevonden.

4 WAT IS BELANGRIJK IN RETORIEK?

Toen Aristoteles begon te schrijven over retorica, geloofde hij ongetwijfeld niet dat hij een wapen van massa manipulatie aan het maken was. Hij wilde geen onheil de wereld in brengen. Hij schreef het, omdat hij geloofde dat retoriek voor goede doeleinden gebruikt kon worden, ook als het misbruikt kon worden voor het kwade. Zijn intentie, desalniettemin, bestond uit het willen voorbereiden van zij die iets goeds wilden doen. Wat het precies betekent om iets 'goeds' te doen, was destijds een evengroot thema van debat en onenigheid als nu.

De huidige concensus schijnt te liggen bij universeel humanisme, egalitaire samenlevingen, en het verminderen van de CO_2 uitstoot. De tijd zal ons leren of deze waarden hetzelfde blijven, of zoals vaak genoeg gebeurd is in de geschiedenis, ooit weer plaats zullen maken voor nieuwe concepten. Ook nu zijn deze waarden nog niet wereldwijd geaccepteerd. Wat zullen de globale waarden zijn als China de nieuwe wereldmacht wordt?

"Niettemin is retoriek nuttig, omdat het ware en de rechtvaardige van nature superieur zijn aan hun tegenpolen, zodat ze, als er onjuiste beslissingen worden genomen, hun nederlaag aan hun eigen verdedigers te danken hebben; wat verwerpelijk is."

"Nevertheless, Rhetoric is useful, because the true and the just are naturally superior to their opposites, so that, if decisions are improperly made, they must owe their defeat to their own advocates; which is reprehensible."

— Aristoteles

Retorica is meer dan een collectie van regels en een lijst van trucjes die gebruikt worden om een speech leuk te laten klinken. Het gaat net zo veel om de inhoud van wat je zegt, als om hoe je het zegt. Het is het totaalbeeld van inspireren, beïnvloeden, en leiden.

Elke leraar, zakenman, en politicus zou profijt ervan hebben om retoriek te utiliseren in het dagelijks leven. Iedereen die ervan droomt om mensen wat te leren, te inspireren of te leiden, zal ontdekken dat het onmogelijk is zonder her en der een stukje retoriek toe te passen.

"Laat anderen een klein leven leiden, maar jij niet. Laat anderen ruzie maken over kleine dingen, maar jij niet. Laat anderen huilen om kleine pijn, maar jij niet. Laat anderen hun toekomst aan iemand anders overlaten, maar jij niet."

"Let others lead small lives, but not you. Let others argue over small things, but not you. Let others cry over small hurts, but not you. Let others leave their future in someone else's hands, but not you."

---- Jim Rohn

De lessen van Aristoteles, Cicero, en anderen, zijn vandaag de dag nog net zo relevant als vroeger. En regelmatig gebruiken we al kleine stukjes ervan, die op de een of andere manier doorgesijpelt zijn, maar lang niet vaak genoeg. En als we het dan al gebruiken, dan begrijpen we vaak niet waarom het precies werkt.

Zijn je toespraken altijd goed, of lijkt het meer toeval te zijn dat er af en toe een succes tussen zit? Wat zijn de aspecten die dan voor dat succes gezorgd hebben? Hier meer over te weten, kan je enkel helpen om je oratie vaardigheden te verbeteren.

"De plicht van retoriek is om zaken af te handelen waarover we beraadslagen zonder kunst of systemen om ons te leiden, in het gehoor van personen die niet

21

in één oogopslag een ingewikkeld argument kunnen opnemen of een lange reeks redeneringen kunnen volgen."

"The duty of rhetoric is to deal with such matters as we deliberate upon without arts or systems to guide us, in the hearing of persons who cannot take in at a glance a complicated argument or follow a long chain of reasoning."

— Aristoteles

Zelfs als je de vaardigheden zelf niet wilt toepassen, kun je er je voordeel uit slaan om er toch bekend meet e zijn. Want zelfs als jij het zelf niet wil gebruiken, doen anderen dat wel. Je poltici, journalisten en de media, je collega's en vrienden, ze zullen allemaal her en der wat retoriek gebruiken om je over te halen om iets te doen of iets te geloven. Deze invloed op jou, op hoe je stemt, waar je je tijd en geld aan uitgeeft... Je bent een hulpeloos slachtoffer als je zelf geen verstand van retoriek hebt.

Tv en internet zitten vol met pogingen om je van iets te overtuigen, maar juist omdat we niet snappen hoe retoriek werkt, kunnen we ons er moeilijk tegen verdedigen. We staan zonder enige bescherming tegenover het grootste propagandakanaal dat de wereld ooit gekend heeft.

"Elke generatie stelt zich voor dat ze intelligenter is dan degene die eraan voorafging, en wijzer dan degene die erna komt."

"Every generation imagines itself to be more intelligent than the one that went before it, and wiser than the one that comes after it."

— George Orwell

In dit democratische tijdperk gaat alles over de mening van het volk. Het was geen wonder dat retoriek op kwam in het democratische deel van het antieke Griekenland, en de latere Romeinse Republiek. Het was juist toen dat de grote oratoren populair werden en de bevolking van Athene en Rome probeerden te overtuigen.

"Het feit dat er de opkomst van democratieën en anderszins open samenlevingen in Athene en elders nodig was om het klimaat te creëren waarin publieke welsprekendheid een politieke onmisbaarheid werd."

"The fact that it took the rise of democracies and otherwise open societies at Athens and elsewhere to create the climate in which public eloquence became a political indispensability."

— Aristoteles

Een succesvolle orator maakte letterlijk het verschil tussen leven en dood, doordat zij de beslissing konden beïnvloeden om wel of niet een oorlog aan te gaan. De opinie van het volk, die stond onder invloed van de oratoren die met hun sterke kennis van de retoriek hun standpunten konden overdragen.

Omdat retoriek in een autoritaire staat niet dezelfde impact kan hebben, tenzij je de adviseur van de vorst bent, nam in de middeleeuwen de belangstelling voor deze oude kunst af. Voor adviseur waren je connecties belangrijker dan wat je te zeggen had, het draaide om achterkamertjespolitiek, niet de politiek in de voorgrond. Maar wat is vandaag ons excuus? Ons land kent al eeuwenlang democratie, en de rest van Europa en grote delen van de wereld heeft ons gevolgd. De wereld kent geen groter democratisch tijdperk, maar het kent ook geen groter gebrek aan belangstelling en zelfs totale desinteresse voor retoriek.

Wie bepaalt de publieke opinie? Natuurlijk geloven we graag dat deze massa aan individuen allemaal zelf, individueel, met voorzichtige overwegingen tot geheel eigen conclusies en meningen komen. De meerderheid komt voort uit de optelsom van al deze geheel eigenaardige collectie, gevormd door pure rationale hersenprocessen. En we kunnen er vanuit gaan, dat er wijsheid ligt in deze massa, en we hiermee de waarheid bereiken.

Dat is echter een fabeltje. Iedereen, ook jij en ik, onafhankelijk van IQ of opleiding, is te overtuigen en beïnvloedbaar. We komen tot conclusies, zonder dat daar een duidelijk denkproces vooraf aan gaat. Op de een of andere manier gebeurt het, en zelf geloven we dat het een unieke, geheel eigen, beslissing was. We beseffen niet dat de moderne propagandakanalen onze visie veranderen kan.

”De mens is geen rationeel dier; hij is een
rationaliserend dier.”

”Man is not a rational animal; he is a rationalizing
animal.”

— Robert A. Heinlein

In enkele gevallen, de uitzonderingen, hebben we meningen die daadwerkelijk voortkomen uit een grondige overweging, die voorgegaan is door een diepgaand onderzoek en uitgebreide studie van het onderwerp. Magischerwijs zijn alle retorische valkuilen ontweken.

Maar, er zijn zo veel onderwerpen en discussies over van alles en nog wat, dat het onmogelijk is om overal

25

zulke tijd en toewijding aan te geven. Meestal komen deze simpelweg voort uit de invloeden om ons heen. En die invloeden om ons heen, die worden gemaakt door de orators. Die gebruiken retorische kunstjes om ons te overtuigen, en die gebruiken lege retoriek, of gevulde retoriek. Welke van de twee, is voor ons als leek onzichtbaar. Dat is, tenzij we ons bekend maken met retorica.

> "Iets waarvan de aanwezigheid of afwezendheid geen merkbaar verschil maakt, is geen essentieel onderdeel van het geheel."

> "Anything whose presence or absence makes no discernible difference is no essential part of the whole."

> — Aristoteles

Door het gebruik van retoriek, kunnen we een verschil maken in de wereld. We kunnen een essentiëel onderdeel van de wereld worden, en verder gaan dan een betekenisloos bestaan.

Het is dan ook voor de volgende twee redenen dat iedereen de basis van retoriek zou moeten begrijpen. Ten eerste, om ons een werktuig te geven waarmee we kunnen inspireren, verenigen en leren. Een werktuig dat we kunnen gebruiken om de wereld beter, mooier, en leuker te maken. Ten tweede, om ons een schild, een verdediging, te geven tegen zij die retoriek willen misbruiken om hun eigen belangen te versterken. Ze gebruiken retoriek om nobel te klinken, terwijl een diepere observatie al snel toont dat ze niet gemotiveerd zijn door liefdadigheid maar door eigenbelang. Begrijpen hoe retoriek funktioneert geeft een goede verdediging tegen die, die hun macht proberen te misbruiken.

"Zij die een opleiding genoten hebben, verschillen van zij die geen opleiding genoten hebben, even zoveel als de levenden verschillen van de doden."

"The educated differ from the uneducated as much as the living differ from the dead."

— Aristoteles

Retoriek is een theoretisch concept met betrekking tot de kunst van het spreken in het openbaar, en in zekere zin ook tot het schrijven van teksten. De primaire focus lag nooit op schrijven, omdat geschreven tekst veel minder gedeeld werd. Het waren de oratoren die een groter publiek aantrokken, en dat is eigenlijk vandaag de dag niet anders. YouTube, tv, radio, het trekt allemaal een groter dagelijks publiek dan dat boeken lezers hebben. Johannes Gutenberg mag boeken dan wijdverspreider gemaakt hebben met de introductie van de drukpers in 1439, de oratoren zijn hoe dan ook nog steeds doorslaggevend.

"Retoriek kan dan worden gedefinieerd als het vermogen om de mogelijke middelen van overreding te ontdekken met betrekking tot welk onderwerp dan ook."

"Rhetoric then may be defined as the faculty of discovering the possible means of persuasion in reference to any subject whatever."

— Aristoteles

"We moeten in staat zijn om overtuigingskracht te gebruiken, net zoals een strikte redenering kan worden gebruikt, aan weerszijden van een vraag, niet om het in de praktijk op beide manieren te gebruiken (want we moeten mensen niet laten geloven wat niet juist is), maar zodat we duidelijk kunnen zien wat de feiten zijn, en dat, als een ander oneerlijk argumenteert, wij van onze kant hem misschien kunnen weerleggen."

"We must be able to employ persuasion, just as strict reasoning can be employed, on opposite sides of a question, not in order that we may in practice employ it

28

in both ways (for we must not make people believe what is wrong), but in order that we may see clearly what the facts are, and that, if another man argues unfairly, we on our part may be able to confute him."

--- Aristoteles

Retoriek, zo wordt soms beweerd, is het wapen van de populist. Maar, de populist, die mensen naar de mond praat, hoeft juist niemand te overtuigen. Het is de visionair die retoriek nodig heeft om mensen van zijn visie te overtuigen. De term 'populist' wordt bij ons juist vaak gebruikt om de politieke buitenstaander, ook buiten te houden. Het is een sterke politieke belediging. De echte populist, is de partij die constant draait en het volk naar de mond praat, de partij die het moeilijk vindt om te duiden waar ze nu echt voor staan, en waar ze in geloven. Die partij hoeft namelijk nooit iemand te overtuigen, die partij gaat hoe de wind waait.

"De edele man moet meer om de waarheid geven, dan om wat mensen denken."

"The high-minded man must care more for the truth than for what people think."

— Aristoteles

Veel politici geven juist weinig om de waarheid, en alles om wat mensen denken. Maar hoe mooi zou het zijn als er een politicus was die vast hield aan de waarheid, en bereid was om andere mensen te overtuigen waarom dat de waarheid is, en waarom het belangrijk is? Het zou de politiek zo veel interessanter maken. Juist daarvoor heeft de politicus kennis van retoriek nodig. En daaruit concluderen we dat populisme juist voortkomt uit de afwezendheid van retorische kennis, terwijl retoriek kan helpen bij het vinden van de waarheid.

''Retoriek is nuttig omdat dingen die waar zijn en dingen die juist zijn een natuurlijke neiging hebben om hun tegenstellingen te overwinnen.''

''Rhetoric is useful because things that are true and things that are just have a natural tendency to prevail over their opposites.''

--Aristoteles

5 AANGEBOREN, OF AANGELEERD?

Ik heb lessen en trainingen voorbereid voor middelbare scholieren, universitair studenten, en aan professionals. Bij het voorbereiden van zulke trainingen is mijn interesse steeds verder uitgegaan naar retorica, een bijzondere vaardigheid.

Toen ik klein was, was ik ook bang om presentaties te geven. Ik werd duizelig, zweette veel, en viel bijna flauw. Het was verschikkelijk om voor een volle klas te staan. Ik was bang, bang wat zij over me zouden denken. Bang om te weten wat ze van mijn presentatie zouden vinden. Zouden ze het interessant vinden? Zouden ze de moeite nemen om naar me te luisteren? Angstzweet op het voorhoofd en op de rug. Bevende handen. Ja, wie kent het niet.

"Er is maar een manier om kritiek te vermijden: doe niets, zeg niets, en wees niets."

"There is only one way to avoid criticism: do nothing, say nothing, and be nothing."

— Aristoteles

Tegen de tijd dat ik naar de universiteit ging, kwam ik er achter dat veel mensen diepe angsten hadden om een presentatie te geven. Mijn 'talent' was niet dat ik goed kon orateren, maar enkel en alleen dat ik niet meer bang was om voor de groep te staan. Dankzij deze bereidheid was ik vaak de uitverkoren persoon die bij een groepsopdracht de presentatie moest leveren. Ik merkte dat met betere voorbereiding, het ook soepeler liep.

"Degenen die kinderen goed opvoeden, moeten meer worden geëerd dan ouders, want deze hebben alleen leven gegeven, de anderen de kunst om goed te leven."

"Those who educate children well are more to be honored than parents, for these only gave life, those the art of living well."

— Aristoteles

Toevallig, of misschien was het wel een lotsbestemming, vond ik mezelf in mijn baan al snel weer als spreker. Een ander publiek, maar een soortgelijk idee. In mijn baan heb ik jarenlang training gegeven aan de managementlaag bij een zeer grote multinational.

Managementtraining was een full-time job, en ik heb talloze uren besteed aan het ontwikkelen van training, het voorbereiden van de sessie, en het uitvoeren ervan. Later kwamen daar nog zogenaamde 'train-the-trainer' sessies bij, waar ik anderen moest uitleggen hoe je training kan geven. Ik heb honderden mensen feedback gegeven over hun presentatievaardigheden. En ook daar gaf ik natuurlijk training over hoe je retoriek in de praktijk kan toepassen. Die training was niet zo diepgaand als dit boek, maar een goede leraar moest in mijn mening meer weten dan het oppervlakkige. Moeilijke vragen moest ik ook kunnen beantwoorden.

Het beste compliment dat ik heb gekregen kwam van een ervaren manager die me vertelde dat ik zichtbaar 'van nature' een goede spreker was. Ik bedankte hem vriendelijk voor het compliment, maar kon mijn glimlach niet wegdrukken. Niks 'van nature'. Het was ervaring, oefening, en herhaling. Het punt hier is niet dat ik wil opscheppen, maar dat ook jij dit punt kunt bereiken. Mensen denken dat 'naturals' bestaan, omdat ze alleen hun hoogtepunt meekrijgen. Iedereen is ergens begonnen met oefenen.

"Het was op dit punt dat de overgang voor het eerst werd gemaakt naar de opvatting dat retoriek een vaardigheid was die geleerd kon worden, dat het, meestal in ruil voor een vergoeding, kon worden doorgegeven van een ervaren artiest op anderen, die daardoor successen zouden kunnen boeken in hun praktisch leven dat hen anders zou zijn ontgaan."

"It was at this point that the transition was first made to the conception that rhetoric was a teachable skill, that it could, usually in return for a fee, be passed from one skilled performer on to others, who might thereby achieve successes in their practical life that would otherwise have eluded them."

— Aristoteles

Omdat ik besefte dat dit een terugkerend aspect zou zijn van mijn leven, wist ik dat ik er alles aan moest doen om zo goed mogelijk te worden. Geen angst hebben was niet genoeg, ik moest een pro worden. Dat was het begin van mijn queeste naar het geheim van openbaar spreken, een zoektocht die me al snel tot de kunst der retoriek zou brengen.

Talloze boeken over openbaar spreken heb ik gelezen. Bekende en prominente auteurs die hun kennis deelden. Het advies was helaas vaak hetzelfde en ging niet erg diep. Bereid je presentatie goed voor. Zorg voor verbinding met het publiek. Maak het interessant. Wat tips hier, wat trucjes daar. Het leek erop dat ze allemaal wat korte ervaringen uit hun eigen leven deelden, maar de kern bleef weg. Het was open deuren intrappen, zonder structuur. Zonder formule om zo'n succes te kunnen herhalen. Ze wilden allemaal opnieuw het wiel uitvinden, zonder te leren van onze voorgangers. Wisten ze niet dat spreken in het openbaar geen nieuwe vaardigheid is?

"Het is niet eenmaal of tweemaal, maar zonder beperking, dat dezelfde ideeën tevoorschijnkomen in de wereld."

"It is not once nor twice but times without number that the same ideas make their appearance in the world."

— Aristoteles

De informatie uit die boeken was niet fout, er was enkel een gebrek aan diepgang. Het ging niet verder dan hun eigen ervaring, en alhoewel dat heel interessant kan zijn, is het moeilijk om er veel bruikbaars uit te halen. Veel verhalen volgden de structuur van 'ik heb dit gedaan en het werkte, dus jij zou dit ook moeten doen'. Ze beseffen dan wel dat iets gewerkt heeft, maar niet helemaal waarom precies. Af en toe komen interesse gedachtes voorbij, en zo slecht waren deze boeken misschien ook weer niet, maar ik bleef hongering naar meer.

Waarom zijn sommige speeches zo populair, terwijl anderen snel vergeten zijn? En de speeches die goed ontvangen werden, waren die ook effectief? Uiteindelijk is het zo dat als een speech het doel heeft om mensen tot actie te bewegen, een goede speech dus ook actie tot gevolg heeft. Bij veel TED Talks, zelfs de hele goede, is het vaak zo dat mensen bijna direct vergeten wat ze gehoord hebben. Een uitzondering her en der daargelaten natuurlijk. Het gemak waarmee mensen TED Talks vergeten, laat zien dat zelfs dit 'succes voorbeeld' van openbaar spreken vaak lang niet zo effectief is als mensen denken. Het doel van TED Talks is namelijk meer dan entertainment, en dat bereikt het vaak niet.

De boeken hebben het ook vaak over je lichaamstaal, zodat je zelfverzekerd overkomt. Soms deelden ze hun eigen unieke manier van voorbereiding, waar meestal weinig opzienbarends tussen zat. En ze hebben het zonder twijfel over het vertellen van een verhaal. Dat 'story telling' is in theorie makkelijker dan dat het in de praktijk uit te voeren is. Het is bovendien heel makkelijk om het 'fout' uit te voeren, waardoor het je presentatie juist veel minder effectief maakt.

Om even kort uit te wijden over dat 'story telling', want het is een bijzonder belangrijk aspect van een overtuigende speech. Een verhaal bestaat in de regel uit drie delen.

1. Beschrijf de situatie, de introductie van het verhaal.
2. Het conflict. Wat gebeurt er? Wat is het plot?
3. De oplossing, het einde, de conclusie.

Er zijn natuurlijk genoeg verhalen die niet in deze structuur passen, maar het volgen van de structuur als je je eigen verhaal aan je speech toevoegt kan helpen. Daarbij moet worden gezegd dat het 'conflict' gepaard kan gaan met vele plotwendingen. Het verhaal moet desalniettemin een introductie en conclusie hebben. De Ilias was ook de Ilias niet zonder het paard van Troje en de plundering van de stad. Jouw verhaal hoeft niet zo, letterlijk, episch te zijn als de Ilias. Het kan een case-study zijn, een anecdote, een fabel.

"Zoals een verhaal is, zo is het leven: niet hoe lang het is, maar hoe goed het is, dat is waar het om gaat."

"As is a tale, so is life: not how long it is, but how good it is, is what matters."

— Seneca

Maar om terug te keren naar de literatuurstudie, wat wel interessant was, is dat sommige van die boeken kort verwezen naar 'rhetoric'. Het was helaas meestal zeer kort, met nog geen volledige pagina gewijd aan zo'n gigantisch concept. Het leek erop dat ze alleen kort wilden laten zien dat ze bekend waren met de term, en daadwerkelijk expertise hadden. Retoriek verdient echter meer dan een enkele pagina. Het verdient een heel boek. Althans, dat is mijn mening. Misschien ook die van jou, gezien je dit boek momenteel leest.

37

"Wat een samenleving eert, zal worden gecultiveerd."

"What a society honors will be cultivated."

— Aristoteles

Mijn zoektocht bracht me tot Aristoteles' eigen werk op het onderwerp van retorica. Ik ging terug naar de bron. Dit boek is dan ook gebaseerd op zijn werk en op dat van Cicero, vanzelfsprekend aangevuld met moderne inzichten. Die werken van Aristoteles en Cicero zijn echter niet het makkelijkst om te lezen en te begrijpen. Mogelijk doordat deze werken meer dan tweeduizend jaar geleden zijn geschreven, is de stijl ietsjes ouderwets geworden. Daarbij komt nog dat Aristoteles zijn werk nooit als publicatie in boekvorm heeft voorbereid. Het zijn notities van zijn colleges die zijn gemaakt, bewaard zijn, en pas eeuwen later als boek zijn uitgegeven. Geen wonder dan, dat het niet het fijnste boek is om te lezen.

Het is echter zonde wanneer deze informatie en kennis verstopt blijft, en daarom dan ook dit boek. Ik probeer mijn eigen ervaring te combineren met de wijsheid van deze giganten. Laten we voorkomen dat we een nieuwe 'dark ages' ingaan en de kennis van de oudheid wederom kwijt raken.

''Zij die weten, doen. Zij die begrijpen, geven les.''

"Those who know, do. Those that understand, teach."

— Aristoteles

6 ALEXANDER DE GROTE

Aristoteles begon als een van Plato's studenten, en Plato was in zijn beurt weer een student van de beroemde Socrates. Deze drie samen worden vaak gezien als het startpunt van de Westerse filosofie. Aristoteles vond al snel een nieuw beroep nadat Plato gestorven was. Hij verliet Athene en trok naar het Noorden, naar Macedonie. Daar werd hij de tutor van Alexander de Grote. Hij bracht hem ongetwijfeld zijn kennis over de retoriek bij, en Alexander laat ons zien hoe krachtig retoriek kan zijn.

"Ik ben niet bang voor een leger leeuwen geleid door een schaap; Ik ben bang voor een leger schapen geleid door een leeuw."

"I am not afraid of an army of lions led by a sheep; I am afraid of an army of sheep led by a lion."

-Alexander de Grote

Alexander inspireerde een onsamenhangende, nieuw gevormde confederatie van Griekse stadstaten om het gigantische Perzische Rijk binnen te vallen. Zijn troepen marcheerden een decennium van de Bosporus

40

tot aan de grenzen van India. Ze gingen tot de grenzen van de bekende wereld. Toen, bij India aangekomen, en ze ontdekten dat er nog een eindeloze wereld voor ze lag om te veroveren, toen pas wilden zijn troepen terug naar huis. Naar vrouw en kinders. Maar hoe kreeg Alexander ze ooit zo ver om hem tien jaar lang te volgen op dit gevaarlijke avontuur?

"Ik ben mijn vader dank verschuldigd voor het leven, maar mijn leraar voor het goede leven."

"I am indebted to my father for living, but to my teacher for living well."

-Alexander de Grote

Alexander gebruikte zijn retorische kennis om zijn troepen te motiveren, om ze aan te sporen dit risico aan te gaan. Bij een slechtere spreker hadden de Grieken hem waarschijnlijk eerder de kop afgehakt voor zijn idiote voorstel, dan dat ze een zekere dood tegemoet wilden gaan en Hades ontmoeten. Gelukkig voor Alexander, had zijn leermeester Aristoteles hem genoeg kennis over retoriek bijgebracht.

"Welk bezit we ook verkrijgen met ons zwaard, kan niet zeker of blijvend zijn, maar de liefde die we verkrijgen door vriendelijkheid en gematigdheid is zeker en duurzaam."

"Whatever possession we gain by our sword cannot be sure or lasting, but the love gained by kindness and moderation is certain and durable."

-Alexander de Grote

Als retoriek een van de grootste veroveraars uit de geschiedenis kon helpen om de halve wereld te veroveren, dan kan jij er waarschijnlijk ook een voordeel uit slaan. Het zou een fout zijn om te onderschatten hoe krachtig retoriek kan zijn als het goed wordt toegepast. Retorica is geen suffe stof voor wat nerds, het is van levensbelang voor iedereen die wat wil bereiken.

"De hemel kan twee zonnen niet verdragen, noch de aarde twee meesters."

"Heaven cannot brook two suns, nor earth two masters."

-Alexander de Grote

Alexander is ongetwijfeld niet de enige leider die deze vaardigheid uitgeoefend heeft. We kunnen dezelfde vaardigheden herkennen in Amerika's 'Founding Fathers', wanneer zij hun land onafhankelijk verklaren. We kunnen zien dat Napoleon een succesvolle spreker was, die zijn troepen zelfs na zijn verbanning weer bij elkaar wist te rapen. Churchil toont duidelijke retorische kennis in zijn toespraken tegen het nationaal-socialisme. Hitler mag retoriek dan hebben gebruikt om in Duitsland aan de macht te komen en een oorlog te beginnen, zijn tegenstanders gebruikten ook retoriek om hem te verslaan.

"We zullen ons eiland verdedigen, wat de prijs ook moge zijn, we zullen vechten op de stranden, we zullen vechten op de landingsplaatsen, we zullen vechten in de velden en op straat, we zullen vechten in de heuvels; we zullen ons nooit overgeven."

"We shall defend our island, whatever the cost may be, we shall fight on the beaches, we shall fight on the landing grounds, we shall fight in the fields and in the streets, we shall fight in the hills; we shall never surrender."

--- Winston Churchill

Elke leider die in de geschiedenis als succesvol bekend staatt, als groots, als indrukwekkend, heeft ergens de retorische kunst toegepast. Veel gekozen leiders hebben dankzij retorica hun verkiezingen gewonnen.

"Een graf volstaat nu hem voor wie de hele wereld niet voldoende was."

''A tomb now suffices him for whom the whole world
was not sufficient.''

-Alexander de Grote

7 ETHOS, PATHOS, LOGOS

De Drie Pillaren van de Retoriek

De kern van de retoriek bestaat uit de drie pillaren. Ethos, pathos, en logos. Het menselijk karakter, emoties begrijpen, en logisch redeneren. Er wordt wel gezegd dat het ethos draait om de spreker, pathos om het publiek, en logos om de inhoud van het onderwerp. Oftewel het karakter van de spreker, de emoties van het publiek, en de rationaliteit van de argumenten aangaande het onderwerp.

"Er zijn dus deze drie manieren om overreding te bewerkstelligen. Het is duidelijk dat de man die hen moet leiden, in staat moet zijn (1) logisch te redeneren, (2) het menselijke karakter en de goedheid in hun verschillende vormen te begrijpen, en (3) de emoties te begrijpen."

"There are, then, these three means of effecting persuasion. The man who is to be in command of them must, it is clear, be able (1) to reason logically, (2) to understand human character and goodness in their various forms, and (3) to understand the emotions."

— Aristoteles

Ethos

"Om goed te schrijven, druk je jezelf uit als de normale
mensen, maar je denkt als een wijze man."

"To write well, express yourself like the common
people, but think like a wise man."

— Aristoteles

Ethos draait om het karakter, om je
geloofwaardigheid, en je autoriteit. Kort gezegd komt het
neer op de vraag 'Waarom zou ik naar *jou* luisteren?'
Hoe zorg je ervoor dat het publiek gelooft dat wat je zegt
betrouwbaar is, en dat je het beste met ze voor hebt? Zelf
hecht je ook niet evenveel waarde aan de woorden van
verschillende mensen. Naar sommige luister je, en bij
anderen doe je het af als onzin.

"Karakter kan bijna de meeste effectieve vorm van
overtuiging genoemd worden."

"Character may almost be called the most effective
means of persuasion."

— Aristoteles

Ethos en de hygiene factoren

Ethos vormt een fundamenteel onderdeel van retorica. Dit is waarom we het als eerste bespreken van de drie. Ethos is niet het meest gecompliceerde, maar wel iets dat onmisbaar is en vaak onderschat wordt. Als we falen om ons ethos te bewijzen, verzwakt het al onze verdere woorden. Een huis heeft een sterke fundering nodig, en dat is wat ethos is.

Om een vergelijk te trekken met de motivatie theorie van Herzberg, waarin er 'hygiene' factoren en 'bevredigende' factoren zijn, komt het eerder overeen met de hygiene factoren. De aanwezendheid van hygiene factoren zal mensen niet direct overtuigen, maar de afwezendheid ervan, zal mensen zeer skeptisch maken. In de motivatietheorie zorgt de afwezendheid van deze factoren ervoor dat mensen ontevreden zijn, maar de aanwezendheid maakt ze niet direct tevreden. Ze staan dan rond een nulpunt. De factoren die mensen tevreden maken, hebben nauwelijks een effect, als mensen al ontevreden zijn. Die 'dissatisfiers' zijn bijvoorbeeld een hoge werkdruk, weinig vakantiedagen, of een slecht loon. Zolang die problemen bestaan, gaan je 'satisfiers' weinig effect hebben. Dus bij ethos moet je zorgen dat het ten minste goed zit, want anders gaan mensen uberhaupt niet luisteren naar wat je te zeggen hebt. Plus, zolang je ethos sterk is, kun je weg komen met een relatief zwak pathos en logos.

Je moet je ethos bewijzen, om te zorgen dat mensen bereid zijn om naar je te luisteren. Als je faalt om je ego te bewijzen, luistert er niemand. Je pathos en logos zijn irrelevant.

Ethos hangt af van het onderwerp en je ervaring

Denk aan een dakloze man. Hij stinkt. Zijn kleding is oud en er zitten gaten in. Hij heeft een lege fles drank bij zich. En nu begint deze man met je te praten. Hij zegt dat de negatieve handelsbalans met China zware economische gevolgen gaat hebben, en die niet onderschat mogen worden. Hij geeft een lange speech, met tussendoor de hik, terwijl zijn stank je afleidt. Hoe goed zijn argumenten ook zouden zijn, zou je hem geloven? Zou je hem de juiste aandacht geven? Nee, natuurlijk niet. Waarom zou een dakloze een expert zijn op het gebied van internationale handel? Waarom zou hij de waarheid voor je in pacht hebben?

Maar... Wat nu als je wist dat deze dakloze man, tot een maand geleden, nog het hoofd van de Europese Centrale Bank was, die na een schandaal moest aftreden? Zou je nu wel naar hem luisteren als autoriteit?

Of... Wat als deze dakloze man geen speech hield over China, maar over hoe zwaar het is om als dakloze op straat te overleven. Stel je voor dat je onderzoek deed naar de levensstandaard van daklozen in jouw stad, en je komt deze man tegen. Zou hij dan wel geloofwaardig zijn?

Ethos is afhankelijk van hoe de persoon op je over komt, wat je van hem weet, en over welk onderwerp het gaat. Hoe je over komt, komt ook neer op een stukje 'framing'. Het opzetten van een bepaald denkbeeld.

Zo positioneerde Donald Trump zijn gebrek aan politieke ervaring als een voordeel in de presidentsverkiezingen van 2016. Hij was niet onervaren, hij was een verfrissende buitenstaander. Dat is framing. Zijn tegenstander Clinton was 'Crooked', een corrupte beroepspoliticus. Trump zou wel weten hoe hij de economie aan de gang moest krijgen, hij was immers een succesvolle zakenman. Hij praatte vaak over de handelbalans met China, en hoe dat de Verenigde Staten niet ten goede kwam. Of hij daar wel of geen gelijk heeft, doet hier niet ter zake. Trump gebruikte framing om zijn positie als onervaren buitenstaander die alleen om geld gaf, om te draaien tot de frisse wind die de corrupte bende, 'the swamp', wel eens wat zou laten zien. Hij was de zakenman die verstand had van geld, van handel, en van het maken van goede deals.

Door middel van deze verbale jiu-jitsu, kon hij zijn zwakte omdraaien in zijn kracht. Zijn ethos was daarop gebaseerd. Zijn stemmers wilden verandering, ze hadden geen sterke economische positie, en ze voelden zich ongehoord door de huidige politiek. Donald Trump paste perfect; hij was voor deze doelgroep met deze problemen een geloofwaardige kandidaat.

Zijn tegenstanders zagen wat hier aan de hand was, en deden er alles aan om zijn ethos af te breken. Omdat Trump de reality tv-show 'the apprentice' gemaakt had, en daarin de hoofdrol had, begonnen ze hem een 'reality tv-ster' te noemen. Alhoewel de show ging over zaken doen, en Trump vooral bekend is van zijn lijfspreuk 'You're fired', wekt de term 'reality tv' een heel andere indruk. Men denkt aan series zoals Big Brother, of Love Island, of Jersey Shore, waar een stel jonge, simpele, maar vaak aantrekkelijke mensen, de hele dag met elkaar bekvecht en rond flirt. Dat is de connectie die ze probeerden te leggen, wederom een stukje framing. Trump niet als zakenman, maar als een idiote, domme, reality tv-ster. Het feit dat Trump totaal niet in die categorie past, hij drinkt nog niet eens alcohol, doet er niet toe. De connotaties worden gemaakt, en zijn ethos als gevolg daarvan wordt verzwakt. Je zou toch ook nooit op Snookie stemmen? De aanval op de reality-ster sloeg aan, en tegenstanders van Trump herhaalden de term constant.

Maar, deze aanval was het einde nog niet van de campagne tegen Trump's ethos. Zijn ethos was eigenlijk de hele tijd de focus van hun aanvallen. Als ze zijn ethos maar ver genoeg konden afbreken, dan hoefden ze op de inhoud van zijn argumenten helemaal niet meer in te gaan.

De volgende aanval bestond eruit zijn uiterlijk belachelijk te maken. Trump is dik, oranje, en heeft een grappig kapsel dat er nep uit ziet. Hij eet ongezond voedsel, en is een fan van McDonald's en Coca Cola. De Huffington Post ging nog een stap verder door te melden dat Trump zijn steaks goed doorbakken eet, zelfs met ketchup. Tja, hoe kan zo iemand nou een land leiden? Gezien zijn leeftijd was het puntje dik zijn, en een grappig kapsel hebben, niet zo sterk. Hij mocht dan wel dik zijn, maar hij zat vol energie. En zijn kapsel, nou ja, hij had ook kaal kunnen zijn zoals velen anderen als ze zo oud zijn als hij. Maar, dat hij oranje was, dat was natuurlijk een puntje ijdeltuit. Het paste bij het beeld van Trump de ijdele narcissist die altijd alleen aan zichzelf denkt. Dat oranje bleef hangen, zelfs na vier jaar praten mensen erover, en maken ze er grappen over. Ze ridiculiseren hem, en zorgen er zo voor dat mensen hem minder serieus nemen. De aanvallen 'reality tv-ster' en 'orange man' waren zeer effectief.

Ook zijn positie als succesvolle zakenman werd in twijfel getrokken. Er lag een focus op zijn ondernemingen die failliet gegaan waren. Ze vroegen Trump om zijn belastingaangifte openbaar te maken, zodat ze konden zien hoeveel hij verdiend had. Trump had zijn ethos gebaseerd op zijn rijke ervaring in de zakenwereld, en dat stukje ethos wilden ze daarmee wegpakken. Daarom was die belastingaangifte zo relevant. Als zou blijken dat hij niet zoveel succes had met zijn ondernemingen, brak daarmee zijn ethos af.

Al met al was het natuurlijk niet genoeg. De aanvallen tegen zijn eetgewoonten waren misschien wel contraproductief. Trump, als man van het volk, die geen presitigeuze culinaire eetgewoonten had, maar hetzelfde als jij en ik. Wie houdt er niet van een BigMac? Hij was al eccentriek, en zijn haar was daar slechts een onderdeel van. De constante aanvallen op hem als persoon door de media maakten van hem een slachtoffer, de underdog, iemand om voor op te komen. Het bevestigde nog maar dat de politieke elite hem niet wou, en juist daarom wilden zijn kiezers hem. Best knap, om als miljardair als underdog te worden gezien.

Als Trump voor een andere positie was gegaan, bijvoorbeeld de rol van William Wallace, een trotse onafhankelijkheidsstrijder in Schotland, dan was zijn ethos met zijn achtergrond waarschijnlijk minder behulpzaam geweest. Daar had het een rol gespeeld dat hij dik en een beetje ijdel was. Daar had het vragen opgeroepen of hij wel hetzelfde voorhad als de rest, met zijn gigantsiche vermogen. Maar het punt is, hij stond kandidaat voor president, niet voor iets anders. En zijn ethos was relevant voor zijn rol als president, niet voor iets anders. Je ethos is altijd afhankelijk van je rol die je op dat moment inneemt. En als je iemand zijn ethos aanvalt, dan moet je nadenken hoe relevant dat stukje ethos is voor de positie waar het op dat moment om gaat.

Het 'Halo effect' speelt natuurlijk wel een rol als het om ethos gaat. Je geloofwaardigheid gaat vaak verder dan het bereik waarin je je geloofwaardigheid daadwerkelijk verdiend hebt. Mensen luisteren vaak intensief naar Albert Einstein, over welk onderwerp hij het ook had. Dat zijn kennis en ervaring in de natuurkunde lag, deed er niet aan af dat mensen het interessant vonden om te horen wat hij te zeggen had over internationale betrekkingen, om maar wat te noemen. Door het halo effect geloven we dat iemand die van *een ding* veel weet, dat deze persoon dan ook veel weet over *iets anders*. Als Einstein praat over de economie, geven we hem graag het voordeel van de twijfel. De man is immers een genie. Maar echt ervaring of wijsheid over hoe de economie werkt, heeft hij misschien helemaal niet. En op het moment dat dat wordt aangekaart, en duidelijk wordt dat hij fouten heeft gemaakt, pas dan verliest hij dat ethos. Met een beetje pech, tast het dan zelfs zijn ethos aan als het over natuurkunde gaat, omdat hij wat algemeen vertrouwen bij de mensen kwijt is. Dat betekent, dat je moet oppassen om niet te ver buiten je kennisgebied te gaan, en als je dat toch doet, heel erg op te passen met wat je zegt. Als anderen het doen, moeten we sceptisch zijn over wat ze zeggen, en het niet als zoete koek slikken.

In de laatste aanval tegen Donald Trump, gingen ze er volledig voor. Daar was plotseling uit het niets Stormy Daniels, een porno actrice die zei dat ze sex gehad had met Donald Trump. Plotseling waren er verhalen over hoe hij in een hotelkamer met enkele prostituees over elkaar heen urineerde. Die video verscheen nooit, en er was geen enkel bewijs voor. Maar mensen vonden het een prima gespreksonderwerp, en het verhaal ging al gauw rond. Sommige artikelen zijn ondertussen verwijderd, maar je kan in Google 'pee tape' intypen als je denkt dat ik dit verzin. Je hoeft er niks anders bij te zeggen voor Google, gewoon zoeken op 'pee tape' en het eerste resultaat gaat over Trump. De aanval was zo ver gezocht, en zonder enig bewijs, dat het terugkaatste.

Het waren de journalisten die hierover berichtten, alsof het echt nieuws was, die een stukje van hun ethos verloren. Het ethos van de journalisten was namelijk kwetsbaarder dan dat van Trump. Trump, die een knappe, jongere vrouw uit Oost-Europa had, een avontuurlijk sexueel verleden, en met drie verschillende vrouwen kinderen heeft, kan zonder een stukje ethos te verliezen toegeven dat hij een keer met een porno actrice sex had. Niemand zou het echt verbazen. Het urinatie verhaal was te ongeloofwaardig en vergezocht om serieuze schade aan te richten. De journalisten, waarbij hun reputatie gebouwd was op neutraal de waarheid te zoeken en te delen, die verloren veel sneller ethos door zo'n roddelblad artikel te delen als ware het nieuws. Het mes snijdt aan twee kanten. Aantijgingen afvuren die op niets gebaseerd zijn, die kunnen nog wel eens terugkomen en je eigen ethos kwetsen.

Trump's ethos was zo onafhankelijk van hoe hij met vrouwen omging, dat hij zelfs weg kwam met de "Grab them by the pussy" quote. Die quote beledigde vooral jonge, single, vrouwen, die sowieso op de Democraten stemden. Als Trump zich had voorgedaan als strict religieuze familieman, die barstte van de monogaamheid, dan had deze aanval hem harder getroffen. Maar hij profileerde zich juist als de rebel.

"Soms loont het zich om een beetje wild te zijn."

"Sometimes it pays to be a little wild."

--- Donald Trump

Als Clinton zijn ethos had willen vernietigen, had ze moeten focusen op hun vroegere vriendschap, over zijn voormalige steun aan de Democraten, en hoe hij met al zijn connecties een onderdeel is van de politieke elite van het land. Ze hadden moeten zorgen dat hij zich niet kon profileren als de buitenstaander, maar juist de zoveelste biljonair die zichzelf een plaats in de politiek in kocht. Hun overdreven aanvallen speelden Trump in de hand. Hoe meer ze hem aanvielen, hoe duidelijker het was dat hij daadwerkelijk de buitenstaander was.

De media was zo afgeleid door hun focus op het ethos van Trump, dat ze zijn pathos en logos argumenten bijna totaal negeerden. De ethos-aanval was ondanks de moeite geen succes. Een sleutelrol speelde hierin het verval van het ethos van de nieuwsmedia zelf.

De 'fake news media' zoals Trump ze noemde, verloor zelf een groot stuk van haar geloofwaardigheid. Hele groepen Amerikanen geloven CNN niet meer, wat het onderwerp ook is. CNN had kleur bekend als voorstander van de Democraten, en verloor daarmee de geloofwaardigheid die een onafhankelijk nieuwsmedium verdient. Door dat verzwakte ethos, waren de aanvallen van CNN op Trump's logos en pathos ook niet meer geloofwaardig. Hun grootste kracht, hun ethos, hun geloofwaardigheid als neutraal medium, was weg. Daar kwam nog bovenop dat veel mensen het gebrek aan inhoudelijke argumenten tegen Trump's plan zagen als een zwakte. Schijnbaar hadden de Democraten geen tegen-argumenten, en speelden ze daarom op de man. Donald Trump's logos en pathos waren onaangetast.

''Je kunt mensen niet bedriegen, in ieder geval niet lang. Je kunt opwinding creëren, je kunt geweldige promotie maken en allerlei soorten pers krijgen, en je kunt een beetje overdrijving toevoegen. Maar als je de goederen niet bezorgt, zullen de mensen het uiteindelijk wel door krijgen.''

"You can't con people, at least not for long. You can create excitement, you can do wonderful promotion and get all kinds of press, and you can throw in a little hyperbole. But if you don't deliver the goods, people will eventually catch on."

--- Donald Trump

Een aanval op het ethos kan bijzonder succesvol zijn, en zorgt in het beste geval voor de totale vernietiging van de geloofwaardigheid van je tegenstander, maar het is een moeilijk spel. Het aanvallen van de individuele argumenten die de tegenstander bij pathos en logos maakt is makkelijker, maar laat de deur open voor nieuwe argumenten. Daarbij kan, zoals we bij CNN zagen, een aanval op het ethos ook terugkaatsen.

Het opmerkelijke bij sommige ethos aanvallen is dat ze opduiken op het moment dat iemand verkiesbaar is, en verdwijnen zodra de verkiezing voorbij is. Dat is op zich te verwachten of zelfs vanzelfsprekend, maar het is opmerkelijk wanneer het gaat om beweringen dat iemand een verkrachter is. Men zou verwachten dat zulke klachten relevant zijn, ongeacht het tijdpunt en ongeacht de verkiezing. Dat zulke uitspraken bij zowel Donald Trump als bij Brett Kavanaugh (bij zijn selectie voor het 'Supreme court') verdwijnen zodra de verkiezing voorbij is, is ergens vreemd. Het lijkt erop dat deze vrouwen oftewel liegen, of in elk geval enkel gebruikt worden door de media op het moment dat het nuttig is. Zulke aanvallen op iemand's ethos zijn gevaarlijk, en kaatsen makkelijk terug. Als je iemand's ethos niet kan aanvallen op iets wat hij of zij zonder twijfel daadwerkelijk heeft gedaan of gezegd, is het beter om het ethos met rust te laten, en op de andere pillaren van retorica de focus te leggen.

De tegengestelde ethos aanval op Hillary Clinton was vele malen succesvoller. Clinton was sowieso een onderdeel van de elite, iets dat onbetwistbaar was dankzij haar man, Bill Clinton, die al president geweest was. Was het nu haar beurt om verkozen te worden? De verdediging verzocht het te framen als expertise, maar het valt te verwachten dat ze haar prominente positie tenminste deels te danken heeft aan haar man. Daarbij komt nog de vraag, hoe zal zij ooit de problemen van het land oplossen? Ze heeft een plan nodig, niet enkel ethos. Het was haar man, en haar partijgenoot, die het land regeerden in die periode.

"Je kunt niet zomaar een toespraak houden en verwachten dat mensen vallen en het met je eens zijn."

"You can't just give a speech and expect people to fall down and agree with you."

--- Hillary Clinton

Het ethos van haar man was ook niet bepaald sterk, na zijn schandaal met Monika Lewinsky. Tijdens zijn tijd als president, werd hij blijkbaar oraal bevredigd (en waarschijnlijk hield het daar niet op) door deze Monika. Zijn geliefde vrouw Hillary vergaf hem, en hun huwelijk ging door. Was het liefde, of wilde ze haar macht en invloed als vrouw van de president niet opgeven? Dit verleden hielp haar hoe dan ook niet bij het zwart maken van Trump. Ja, Trump behandelt vrouwen niet met respect. Maar deed haar man dat dan wel? En hem vergaf ze ook. Van Donald Trump verwachtte niemand dat hij geen spectaculair sexueel verleden had, maar Clinton speelde op de 'moral highground' en kon die positie niet verdedigen.

Clinton werd ook aangevallen op haar leeftijd, gebrek aan energie, en zwakte. Dezelfde aanval zou later gebruikt worden tegen Biden en zijn half seniele indruk. Clinton werd afgebeeld als zwakke, oude vrouw. Toen een video opdook waar ze half flauwviel en een busje in werd gesmeten, ging het al snel viraal. Hoe kon zo iemand vier jaar lang het machtigste land ter wereld besturen? Ze is duidelijk niet geschikt, als het te verwachten is dat ze gedurende deze vier jaar overlijdt. De media verdedigde Clinton en zeiden dat ze een longontsteking had; ze was niet zwak, ze was juist dapper dat ze ondanks haar ziekte gewoon doorging met campagne voeren. Ze gaven desondanks toe dat ze op het moment zwak was, en een toegave van zwakte helpt vrijwel nooit. Tenzij je het succesvol in pathos verandert.

Ethos draait om ethiek, het moreel karakter van de tegenstander. Hier ligt de focus op het woord 'de tegenstander'. Clinton ging namelijk een andere richting in toen ze de supporters van Trump beschreef als 'deplorables'. Deplorable betekent betreurenswaardig, oftewel, de supporters van Trump waren maar een treurig zooitje. Zo ga je natuurlijk niemand overtuigen, ze beledigde op dat moment het halve land dat overwoog om op Trump te stemmen. Het enige wat ze daarmee bereikte, was dat ze deze mensen nog sterker in Trump zijn armen dreef. Val niet het ethos van het publiek aan.

Ethos is de basis, het fundament

Ethos is een onderdeel van retoriek dat vaak over het hoofd gezien wordt. We kunnen echter zien hoe kritiek het is, het kan het verschil zijn tussen het figuurlijke leven en dood. Als je op ethos verliest, dan doen je logos en pathos er al niet meer toe. Een sterk ethos maakt al je andere argumenten sterker, een zwak ethos en niemand luistert naar je. Niemand kan het zich veroorloven om ethos te negeren.

Een mogelijkheid om ethos te genereren, is om een persoonlijke anecdote te delen. Je opent jezelf richting het publiek en stelt je kwetsbaar op. Het bouwt een band. Emoties helpen sowieso om een band te vormen, maar dat je iets persoonlijks deelt maakt het nog wat sterker. Let wel; het moet passen bij je onderwerp en je gravitas. Het moet niet overdreven dramatisch zijn. En, het mag een heel kleine anecdote zijn. Hoewel je misschien graag over jezelf praat, moet je jezelf blijven afvragen of het ook interessant is voor het publiek.

Het uiterlijk

Het uiterlijk ondersteunt het ethos. Dit is redelijk vanzelfsprekend; mensen beoordelen ons op hoe we eruit zien. Als je een speech houdt voor een groep bankiers of advocaten, dan kun je er beter voor zorgen dat je een pak draagt. Als je op een middelbare school spreekt, dan draag je eerder een paar Adidas, als verbinding met de scholieren. Het is altijd afhankelijk van je publiek, waar je publiek waarde aan hecht, en hoe je hun vertrouwen kunt winnen. Begrijp wat je publiek belangrijk vindt, en waar ze naar op zoek zijn in een spreker.

Politici dragen een pak met een rode das als ze dominantie willen tonen. Een blauwe das toont toegankelijkheid, een open en vriendelijke uitstraling. Het dragen van de verkeerde das kan het verkeerde signaal afgeven aan je publiek. Als je een expert bent op het gebied van mode, zorg er dan voor dat je modieus aangekleed bent. Als je een expert bent in de hiphop wereld, dan draag een bijpassende hiphop outfit. Tenzij je bijvoorbeeld een producer bent in hiphop muziek, niemand verwacht in zo'n rol dat je er als een artiest bij

61

loopt. In de meeste gevallen kun je je variatie beperken tot een pak met of zonder das, en afhankelijk van je publiek kun je dat wat meer 'casual' maken. Spijkerbroek, zonder jasje, een t-shirt. Sneakers vervangen je nette lakschoenen, jeans vervangen je pantalon, een polo shirt vervangt je witte hemd. Voor een concreter mode advies ben ik in ieder geval niet de juiste persoon; misschien is het daarom dat ik een boek schrijf en dit niet als YouTube video heb opgenomen. De hoofdzaak is dat het passend is bij het imago dat je wil uitstralen, en passend voor het publiek waarvoor je dat doet.

"Je kent mode of je kent het niet."

"You either know fashion or you don't."

--- Anna Wintour

Lichaamstaal

Lichaamstaal; ook dat helpt bij je ethos. Zorg er altijd voor dat je zelfvertrouwen uitstraalt, en een volle overtuiging in wat je vertelt. Niemand gaat je geloven, als je zichtbaar aan jezelf twijfelt. Zit niet met een pen te spelen. Hou je handen onder controle, geen gekke zenuwtrekjes. Ga niet elke drie seconden je kleding bijstellen, aan je kraag zitten, of je das recht trekken. Toon hoe comfortabel je bent en andere mensen zullen naar je luisteren.

Er zijn een paar goede boeken geschreven die specifiek over lichaamstaal gaan, zoals ''The Dictionary of Body Language'' van Joe Navarro. Een betere aanrader zijn de talloze video's op YouTube die zich aan het thema wijden. Het gedrag te zien is beter dan erover te lezen. Je hoeft geen expert te zijn, maar het helpt om tenminste de basis van lichaamstaal te kennen. Weet wanneer je publiek zich verveelt, en wanneer het aan je lippen hangt. Ja, het gaat niet enkel om je eigen lichaamstaal, het helpt ook om de lichaamstaal van je publiek te begrijpen. Het spreken van deze taal opent een nieuwe wereld, en is ook in je persoonlijke leven een grote aanwinst.

''Let op hoe je met een vrouw communiceert. Omdat je altijd communiceert, zelfs als je niet praat - met je lichaamstaal, je gezichtsuitdrukkingen, je ogen.''

''Watch how you communicate with a woman. Because you're always communicating, even when you're not talking - with your body language, your facial expressions, your eyes.''

--- Orlando Bloom

De mythe van Mehrabian

Als het gaat over lichaamstaal komen we altijd weer de studie van Albert Mehrabian tegen. Hij beweert dat 55% van de informatie over hoe iemand zich voelt over het onderwerp waarover ze praten, is af te leiden aan de hand van hun lichaamstaal. Vaak wordt deze studie verkeerd uitgelegd, en wordt er gedaan alsof lichaamstaal meer dan de helft van de communicatie inhoudt. Totale onzin die wordt gebruikt door 'public speaking' experts om maar wat data in hun eigen speech te hebben. Alsof ze wanhopig op zoek zijn naar logos, en denken dat wat percentages erin gooien dat gat kan opvullen.

Volgens Mehrabian bestond communicatie voor 55% uit lichaamstaal, 38% toon, en slechts 7% de daadwerkelijke woorden van een speech, althans, zo wordt het vaak uitgelegd. Lichaamstaal en toon zijn belangrijk, maar de percentages zijn betekenisloos. Ik keek vandaag nog naar een TedTalk op YouTube van "The Master of Charisma" zoals hij zichzelf noemt, ook wel bekend als Richard Greene. Zijn TedTalk heeft bijna drie miljoen views, maar zijn geloofwaardigheid verviel toen hij Mehrabian's studie aanhaalde en de percentages dogmatisch herhaalde. Tenminste, zijn geloofwaardigheid verviel bij mensen die bekend zijn met het onderwerp, niet bij iedereen.

Wat heeft Albert Mehrabian echt onderzocht? Hij onderzocht situaties waar er een inconsistentie is tussen wat iemand zegt, en de lichaamstaal en toon die daarbij gepaard gaan. Dus als je aan je vriendin vraagt ''Ben je boos op me?'' en ze schreeuwt ''Nee!'', waarbij ze met haar armen over elkaar boos naar je kijkt, dan is dat iets wat past binnen het onderzoek van Albert Mehrabian. De meeste mensen kijken in zo'n geval naar de lichaamstaal en toon, en erkennen dat het daadwerkelijke woord ''nee'' niet de juiste informatie gaf. Een schokkende ontdekking, misschien, maar in ieder geval niet erg relevant als het gaat over een speech geven. De mythe van Merhabian moet gezien worden voor wat het is, een mythe. Waarom bestaan er anders transcripts van de beroemde speeches van de geschiedenis?

''Ik voel me duidelijk ongemakkelijk over verkeerde citaten uit mijn werk. Vanaf het allereerste begin heb ik geprobeerd mensen de juiste beperkingen van mijn bevindingen te geven. Helaas heeft het vakgebied van zelfbenoemde 'corporate image consultants' of 'leiderschapsconsultants' talrijke beoefenaars met zeer weinig psychologische expertise.''

''I am obviously uncomfortable about misquotes of my work. From the very beginning I have tried to give people the correct limitations of my findings. Unfortunately the field of self-styled 'corporate image consultants' or 'leadership consultants' has numerous practitioners with very little psychological expertise."

--- Albert Mehrabian

Als we het hebben over toon, is het natuurlijk van het grootste belang dat we niet monotoon spreken. Een monotone speech is saai, en niemand weet welke woorden belangrijk zijn of waar je nadruk op wilt leggen. Je kan met een monotone speech geen emotie of passie over brengen, dus hoe wil je dan zorgen dat je publiek emotie ervaart? Je lichaamstaal is ook daar om te ondersteunen in het tonen van je passie voor het onderwerp, en om het publiek met je mee te trekken. Beweeg met je handen, loop op en neer, en leg de nadruk waar de nadruk hoort. Neem jezelf op op video met je telefoon, en kijk terug hoe je speech eruit ziet. Saai? Beweeg je genoeg? Of juist teveel, waardoor je eruit ziet als een nerveueze stuiterbal?

Een belangrijk aspect bij lichaamstaal, toon, en je woorden, is dat ze consistent zijn met elkaar. Als je iets treurigs vertelt, zorg dan voor een treurige en serieuze toon, en een gematigde energie in je lichaamstaal. Vertel je iets vrolijks, dan lach, en beweeg meer. Ben je boos? Wil je dat je publiek je woede voelt? Gebruik dan krachtige bewegingen en een luide, diepe stem. Let er wel altijd op dat het authentiek blijft en je het niet overdrijft, mensen moeten niet het gevoel krijgen dat ze naar een toneelstuk aan het kijken zijn. Deze consistentie is ook het enige wat Mehrabian echt heeft aangetoond met zijn onderzoek, en het is het belangrijkste om te herinneren.

Ethos kost tijd

Het bouwen van ethos kan tijd kosten. Het kan jaren duren om een sterk ethos op te bouwen. Het kan decennia duren om een reputatie op te bouwen. Het kan echter ook, met een sterke windvlaag, weggevaagd worden. Een enkele fout en je ethos kan voor altijd vernietigd zijn.

Diederik Stapel was een vooraanstaande Nederlandse psycholoog, die regelmatig deelnam aan het publieke debat. Hij was verbonden aan de Universiteit van Tilburg. Althans, totdat bekend werd dat hij fraude had gepleegd bij meerdere onderzoeken en resultaten waren vervalst. De grootste schande die je als wetenschapper kan ervaren. In een klap was zijn reputatie kapot, en nog wel zo sterk kapot dat hij zich nooit meer zou kunnen herstellen. Het ging zelfs zo ver dat het imago van de Universiteit van Tilburg zelf ook schade opliep.

Het is natuurlijk niet altijd van belang dat je een ethos hebt dat over de decennia verzameld is. Maar, alles wat je in je leven doet heeft een effect op je ethos en kan tegen je gebruikt worden. Boven alles komt dit naar boven in de politiek, waar een vergrootglas wordt gelegd op alles wat je ooit hebt gedaan. Het is niet voor niets dat het vaak ogenschijnlijk saaie mannen zijn die naar voren worden geschoven als lijsttrekker van de grote partijen. De kleinste fout kan worden vergroot om je ethos af te breken. In het debat betreffende studiebeurzen en schulden werden de langstuderende lijsttrekkers op hun hypocrisie aangesproken. Wie zou verwachten dat het nog van belang zou zijn hoe lang je over je studie gedaan hebt in een debat dat dertig jaar na het ontvangen van je diploma plaats vindt?

Gelukkig voor de meeste van ons komen we niet zo sterk in het spotlight te staan als de politici dat doen. Velen kunnen hun bescheiden reputatie compleet vernielen, en ergens anders een nieuwe reputatie opbouwen. Soms kun je een aanval op je ethos gewoon negeren, als je publiek toch niet goed met elkaar communiceert. Gaf je een presentatie waar je stotterend in elkaar viel en in huilen uitbarstte? Niet al te overtuigend voor je geloofwaardigheid als je les geeft in public speaking. En dan? Ga naar een ander lokaal, en begin opnieuw. Kleine kans dat dit publiek kennis heeft genomen van je voorgaande faal. Zelfs al staat er een video van op internet, afhankelijk van hoe beroemd je bent zien mensen die video toch niet. Het internet onthoudt alles, maar het bezorgt ons ook een overvloed aan informatie. In de meeste situaties maak je geen doorgrondige background check mee. Vaak is het belangrijkste aan je ethos hoe je je in dat moment presenteert. Zelfs iemand die veel geloofwaardigheid verdient, krijgt het niet altijd. De beste wetenschapper, die niet uitermate beroemd is, moet zijn publiek overtuigen met zijn introductie en presentatie.

Je ethos hoeft ook niet perfect te zijn. Het mag af en toe wat schade oplopen. Je kan het herbouwen, verbeteren, en met de tijd vergeten mensen je fouten. Zelfs als je wereldwijd bekend bent, is het afhankeliljk van waar je een expert in beweert te zijn. Niet alles is een aanval op het deel van je ethos dat er toe doet. Vreemdgaan in je relatie maakt je geen slechtere wetenschapper, en over scheikunde kun je net zo goed praten als daarvoor. Als je een beroemde relatietherapeut was, dan loopt je ethos wel flink wat schade op. Het is altijd van belang hoe je gedrag impact heeft op je gebied van expertise, waar je je ethos sterk wilt houden. En het is van belang om te begrijpen wat je gebied is, wat is relevant voor je ethos en wat niet.

"Met de tijd vergaat alles; alles wordt oud onder de kracht van de tijd, en is vergeten met het vergaan van de tijd."

"Time crumbles things; everything grows old under the power of Time and is forgotten through the lapse of Time."

— Aristoteles

Schoonheid is subjectief, en ethos ook. Je ervaring, training, en kennis is irrelevant als je het niet kan overdragen op je publiek. Je kan verwijzen naar je diploma's, naar je werkervaring, of middels je speech het publiek overtuigen van je kennis en geloofwaardigheid. Sprekers beginnen vaak met het vermelden van hun eigen 'credentials', puur om hun ethos een boost te geven. Met hun ethos leggen ze de fundamenten voor hun speech.

Gravitas

Gravitas past onder het ethos. Het is de zwaarte, het gewicht, of de plechtigheid waarmee je praat. Sommige mensen hebben van nature meer gravitas dan anderen, maar zoals bijna alles, is het deels aan te leren. Als iemand met gravitas praat, dan luisteren de anderen. Een zekere vorm van autoriteit.

Praat rustig, wees zelfverzekerd, beheers je emoties. De gravitas moet bij het thema passen. Een terroristische aanslag vereist een andere vorm van gravitas dan de aankondiging van een feest. Iemand als Martin Luther King praatte met veel gravitas.

"We mogen niet terloops praten over gewichtige zaken, noch plechtig over triviale zaken."

70

"We must neither speak casually about weighty
matters, nor solemnly about trivial ones."

--- Aristoteles

Gravitas uit zich niet enkel in hoe je er staat, of
met welke toon je praat, maar ook in de voorbereiding.
Welke woorden zijn passend? Hoe bouw je je verhaal
op? Daarbij is het makkelijker om zelfverzekerd voor
een groep te staan, als je goed voorbereid bent, en weet
dat je iets toe te voegen hebt. Een sterke retorische
speech zal automatisch zorgen voor een grotere indruk
van gravitas, mits het gepaard gaat met de juiste
uitvoering.

Uiteraard dient men hier de eigen authenticiteit
te vinden, en een respect mee te dragen jegens de
anderen. Hoe vindt men dan de eigen authenticiteit? Iets
dat authentiek is, is iets dat bij jou past. Het gaat om hoe
oud je bent, wat voor ervaring je hebt, waar je vandaan
komt, wat je cultuur is, waar je in gelooft, wat voor
opleiding je hebt, wat voor karakter je hebt. Hoe je praat,
moet overeenkomen met wie jij bent. Je mag je niet
voordoen als iets wat je niet bent. Denk altijd na of wat
je wilt zeggen, en hoe je het wilt zeggen, werkelijk past bij
wie jij bent.

Decorum

Decorum is gerelateerd aan gravitas, en focust op een passende stijl. Gravitas is dan meer het effect, een uitstraling van autoriteit, terwijl decorum zich richt op de stijl van gedrag en woordkeus. Decorum moet passen bij het doel van de speech. Het is echter moeilijk om zonder passend decorum nog een positie met gravitas te bereiken. De twee gaan hand in hand. De oude Grieken letten bij decorum ook op de verschillen tussen stijl in een tragedie en in een comedie, maar dat is buiten de oude Griekse literatuur niet bijzonder relevant.

"Ik ben CEO van een naamloze vennootschap. Je moet decorum tonen."

"I'm a CEO of a public company. You have to show decorum."

--- Ivan Glasenberg, CEO van Glencore

Tegenwoordige voorbeelden van de moderne interpretatie van decorum zijn, om er maar een paar te noemen;

I.   Beleefdheid, niet met je telefoon spelen terwijl iemand anders praat.
II. Vriendelijkheid, de nodige mensen bedanken.
III. Etiquette, het volgend van de sociale regels.

IV. Taalgebruik, over het algemeen niet vloeken en schelden.
V.   Mode, zoals men naar een begrafenis altijd zwart draagt.
VI. Smaak, geen misplaatste grappen maken.
VII. Verfijning, netjes met mes en vork eten, rustig kauwen, en niet schranzen.

Men volgt, kort gezegd, de juiste formaliteiten. Een net, normaal gedrag.

"Dit land verdient een staatsman die de mensen kan vertegenwoordigen met de juiste decorum, respect en kennis van wat er in de wereld gebeurt, en ik geloof niet dat Donald Trump daar iets van vertegenwoordigt."

"This country deserves a statesman who can represent the people with proper decorum, respect, and knowledge of what's happening in the world, and I don't believe that Donald Trump represents any of that."

--- Michael Kelly

Het is je geloofwaardigheid

Ethos, samenvattend, draait om je geloofwaardigheid. Waarom moet je publiek bij dit onderwerp luisteren naar wat jij te zeggen hebt? Kunnen ze je vertrouwen? Weet je waarover je praat?

En, niet te vergeten, denk je aan het belang van het publiek? Mensen vertrouwen sprekers niet als ze geloven dat ze een alternatief doel hebben. Neem bijvoorbeeld de aanval van Thierry Baudet op Mark Rutte; dat hij een baantjesjager is die op zoek is naar een functie in Brussel. Als dat zo is, dan heeft Rutte een alternatief doel. Hij heeft niet het beste voor het Nederlandse volk in gedachten, maar zijn eigen individuele doel om een nieuwe positie te krijgen in de Europese Unie. Aangenomen dat dat waar is, waarom zou het Nederlandse volk dan naar hem luisteren als het gaat over Europese thema's? Als hij zijn eigenbelang nastreeft, in plaats van het publieke belang, verliest hij zijn geloofwaardigheid.

"De redenaar overtuigt door een moreel karakter wanneer zijn toespraak op een zodanige manier wordt gehouden dat hij het vertrouwen waardig wordt; want we voelen in grotere mate en gemakkelijker vertrouwen in personen van waarde met betrekking tot alles in het algemeen, maar waar er geen zekerheid is en er is ruimte voor twijfel, is ons vertrouwen absoluut."

"The orator persuades by moral character when his speech is delivered in such a manner as to render him worthy of confidence; for we feel confidence in a greater degree and more readily in persons of worth in regard to everything in general, but where there is no certainty and there is room for doubt, our confidence is absolute."

— Aristoteles

Ethos Gebrek

Er zijn genoeg fouten die je kan maken bij ethos. Er is genoeg 'nep' ethos waar je een beroep op kan doen, maar het gaat je niet helpen. Daarbij kan hypocrisie je eigen ethos schaden, wat we zien bij het 'tu quoque?' argument.

Tu Quoque?

Denk aan de filmsterren die met hun eigen vliegtuig van hot naar her vliegen. Ze geven speeches over klimaatverandering en CO_2 uitstoot. Iedereen moet, volgens hun, wat zuiniger leven. Minder vaak de auto nemen. Minder kinderen krijgen. Minder consumeren. Maar wacht eens, wie ben jij dan om ons dat te zeggen? Je vliegt zelf de hele tijd rond en spuwt meer CO_2 uit in een week dan ik in een jaar! Ook wel bekend als de 'jij-bak'.

En ja, het geeft aan hoe hypocriet de filmster is. Het maakt desondanks zijn argument niet minder waar. Het logos tast het niet aan, en het is daarom een drogreden. De hypocrisie tast echter wel zijn ethos aan, en zorgt ervoor dat minder mensen naar hem luisteren. Het is in die zin dan ook een ad hominem.

Bulverism

Het idee dat een argument niet klopt, omdat de motieven van de spreker niet worden vertrouwd. Dit is in feite een gebrek aan ethos, en het geloof dat de spreker het beste belang van het publiek voor heeft. Ook als je logos goed is, kan dit ervoor zorgen dat niemand het serieus neemt.

Een voorbeeld is een autoverkoper die zegt dat een auto heel zuinig rijdt, en de klant die beweert dat 'je zegt dat alleen, omdat je de auto graag wil verkopen.' De term is bedacht door C.S. Lewis voor deze specifieke vorm van ad hominem.

Hetzelfde geldt voor alle opmerkingen in de vorm van 'je zegt dat alleen omdat je een ... bent.' Autoverkoper, man, feminist, kapitalist, socialist, wiskundeleraar, je kan het met alles doen. Makkelijk antwoord, aangezien het argument zelf daarmee totaal genegeerd wordt.

76

"Als je naar de waarheid zoekt, kun je uiteindelijk troost vinden; als je troost zoekt, zul je geen troost of waarheid krijgen, alleen zachte zeep en wensdenken om te beginnen, en uiteindelijk wanhoop."

"If you look for truth, you may find comfort in the end; if you look for comfort you will not get either comfort or truth only soft soap and wishful thinking to begin, and in the end, despair."

--- C.S. Lewis

Vertrouwen hebben en Anonieme bronnen

Je kan mensen vragen om wat vertrouwen en geduld te hebben, maar je moet een bijzonder sterk ethos hebben willen mensen niet aan je gaan twijfelen. Op het moment dat je om vertrouwen vraagt, en vervolgens niet levert, zakt je ethos in elkaar. Je 'do / say' ratio is in verval geraakt. Dit ratio vergelijkt je 'do', oftewel, wat je daadwerkelijk doet, met wat je zegt te doen, je 'say'. Kort gezegd, doe je ook wat je zegt, of lever je valse beloftes?

Een andere fout bij ethos is het aanwenden van een autoriteit die anoniem blijft. Een anonieme bron. Dit werkt misschien bij de New York Times, die een sterk genoeg ethos heeft en haar bronnen kan beschermen, maar het werkt waarschijnlijk niet voor jou. Het werkt ook niet als de bronnen anoniem blijven, omdat je de moeite niet neemt ze te vermelden. Hoe essentiëler de bron voor je verhaal, hoe belangrijker het ethos van de bron zelf. Als je enkel zegt 'wetenschappers zeggen dit...', of 'mijn bronnen tonen aan...', ja, welke wetenschappers, welke bronnen, wat zeggen ze precies? Je hoeft geen perfecte referentie te maken, maar mensen moeten wel snappen waar het vandaan komt en het na kunnen zoeken. Een onbetrouwbare bron is overigens net zo makkelijk aan te vallen als geen bron. Dat iets op Facebook stond, maakt het nog niet waar.

Daarnaast kun je je beroepen op iemand anders zijn autoriteit, bijvoorbeeld Einstein. Alhoewel dit werkt als het om natuurkunde gaat, past het niet zo goed bij uitspraken van Einstein over economie. Daar was hij geen expert in. Hetzelfde geldt voor uitspraken van filmsterren. Ze zijn beroemd omdat ze goed kunnen acteren, niet omdat ze verstand hebben van de wereld. Sommigen zullen dat vast hebben, en vele anderen niet.

Als je een punt bereikt waarop mensen blind vertrouwen in je hebben, is dat mooi, en bijzonder, maar je mag ook dat niet misbruiken. Vertrouwen komt te voet, en vertrouwen gaat te paard. Verspil het niet. Misbruik het gegeven vertrouwen niet.

Je kan een beroep doen op God, of de Bijbel,

maar het is voor veel mensen geen autoriteit. Dit functioneert alleen in sterk religieuze kringen.

Ad Hominem

Dan is er nog de ad hominem. Het spelen op de man. Het gaat niet in op de inhoud, maar om de persoon die het zegt. Je bent een crimineel, niet te vertrouwen, een klootzak, een dief. Je bent een vrouw, een hetereoseksuele blanke man die teveel privilege heeft, of je bent een Christen of een Moslim of een Jood en daarom telt je mening niet. Mogelijk ben je gewoon een idioot.

De ad hominem hoeft geen belediging te zijn. Als een vrouw tegen een man zegt dat zijn mening niet telt als het om abortus gaat, is dat net zo goed op de man spelen. In andere gevallen is de ad hominem een directe aanval op iemand zijn ethos, iets dat bijzonder effectief kan zijn. Je wilt echter niet bekend staan als iemand die vaak op de man speelt, zonder eigen argumenten in te brengen.

Argumentum ad Populum / Antiquatatem / Novum

Of, je doet een beroep op populariteit. Het argument van de meerderheid. Mijn vader vertelde me dat vroeger zijn leraar op de basisschool hem uitlegde dat de Bijbel het beste boek was, omdat het zo vaak verkocht werd. Als het zo populair is, dan moet het toch wel een kern van waarheid hebben? Populair zijn maakt het niet dat het waar is. De meerderheid bepaalt de waarheid niet.

Een soortgelijke redenering dat iets zo hoort omdat het normaal is, iedereen doet het, is ook geen argument. Dat iets nieuwer is, of traditie is, maakt ook niet uit. Mensen kiezen uit tradities wat ze willen behouden, en uit wat nieuw is wat ze willen veranderen. Dat het nieuw is, of dat het traditie is, dat overtuigt helemaal niemand. Dat geldt ook voor de discussie omtrent zwarte Piet. Het is een traditie, ja, maar daarmee overtuig je je tegenstander niet.

Hetzelfde geldt voor zaken die illegaal, of juist legaal, zijn. De wet kan worden veranderd, daarom is er juist een debat over. Dat is natuurlijk uitgezonderd rechtzaken, daarbij is de vraag of het illegaal was de allerbelangrijkste.

Je ethos kan worden verbroken door de mensen met wie je om gaat. Guilt by association. Schuld door associatie. Zie bijvoorbeeld Thierry Baudet die een etentje had met Jared Taylor, een blanke supremacist uit de Verenigde Staten die regelmatig racistisch getinte artikelen publiceert. Thierry was, vanzelfsprekend, ook schuldig. Het is misschien niet terecht, maar zo werkt het. Iets soortgelijks gebeurt bij een samenzweringstheorie, iemand die die aanhaalt, verliest een stukje ethos. Dat verandert misschien weer op het moment dat er meer bewijs voor is, dat gebeurt soms bij zulke dingen, maar het gaat erom wat de massa evan vindt. Ethos is niet altijd eerlijk en terecht. Het is perceptie en framing.

Pathos

Het hart van de retoriek, pathos. Het gaat daarbij over emoties. Over passie. Ervoor te zorgen dat je publiek iets voelt, wat voor emotie dan ook, zodat je controle hebt over je publiek. Mensen onthouden sneller iets als het gekoppeld is aan een emotie die ze daarbij voelden.

Nog belangrijker, mensen zijn meer geneigd over te gaan in actie als ze emotioneel zijn. Zonder pathos komt er geen actie, je speech heeft geen gevolgen. Het is het begin en het einde, in plaats van een onderdeel van een groter geheel.

"Als passie je drijft, laat de rede dan de touwtjes in handen hebben."

"If passion drives you, let reason hold the reins."

--- Benjamin Franklin

Toon geen apathie over het onderwerp waar je het over hebt. Wees geen droge wetenschapper die een paar resultaten komt delen. Nee, toon je publiek dat je passie hebt. Spreek met volle overgave. Leg je ziel bloot. Als ze zien dat het jou aan het hart gaat, komt het ook bij het publiek sterker aan.

''Je moet branden met een idee, of een probleem, of
een fout die je wilt rechtzetten. Als je vanaf het begin
niet gepassioneerd genoeg bent, zul je het nooit
uithouden.''

''You have to be burning with an idea, or a problem, or
a wrong that you want to right. If you're not passionate
enough from the start, you'll never stick it out.''

--- Steve Jobs

Pathos zorgt ervoor dat mensen onthouden wat
je zegt. Het geeft je speech diepte. Het maakt je speech
bijzonder, en anders van alle andere saaie speeches die
mensen elke dag horen. Het zorgt ervoor dat het blijft
hangen, en dat mensen erover nadenken. Speeches met
pathos zijn bovendien leuk om naar te luisteren, een
zekere spanning zorgt ervoor dat je wil weten hoe het
verder gaat. Hetzelfde zie je bij een film, de film probeert
om een bepaalde emotie op te wekken. Of het nu een
drama, een comedy, of een wraaklustige actiefilm is.

Het redden van Afrika

Denk aan de tv-reclames over het redden van de
arme kinderen van Afrika. Voor decennia laten ze
dezelfde arme kinderen zien met dikke buiken en

vliegen op hun gezicht. Ze liggen in een droge woestijn naast een hut die lijkt te zijn gemaakt van modder. De buiken zijn dan wel dik, de armen en benen zijn nauwelijks meer dan een lapje vel over het bot. Ze zien er moe en ongelukkig uit. De camera zoomt in op het gezicht van het kind. Een lege staar kijkt de camera in. Een gezicht dat hopeloosheid, angst, en onzerkeheid uitstraalt. Zo treurig. Hoe slecht gaat het wel niet met Afrika? Kijk dan naar die arme kinderen. De kinderen! Maar vrees niet, voor slechts vijf euro per maand kunt ook u een arm Afrikaans kind redden. Jij kan de redder zijn van dat arme jochie.

Zulke reclames zijn natuurlijk een directe pathos insteek. Het draait om emotie, om gevoelens, om empathie, om medeleven. Misschien zelfs een klein schuldgevoel. En ja, dan gaan mensen over tot actie, en trekken ze de portemonnee. De reclame was een succes, het duidelijke doel bereikt. Het is natuurlijk een mooi streven, het redden van kinderen in Afrika. De reclames zijn desondanks pure manipulatie die heel sterk het pathos fundament gebruiken, alhoewel hun ethos en logos wat onzichtbaarder zijn. Of het geld goed gebruikt wordt, dat is een andere vraag. Opmerkelijk is dat zelfs als deze manipulatie zo overduidelijk is, het toch werkt. Dezelfde reclames vinden plaats met arme ezels, honden, of katten, of met zeehondjes. Grote ogen, slecht behandelde dieren, het is een formule die werkt.

Dit soort reclame heeft er echter ook voor gezorgd dat half Nederland een beeld heeft van Afrika dat nogal negatief is. Alsof er enkel dorpen zijn met verhongerende kinderen die in hutjes wonen. Afrika heeft ook steden, het heeft ook een economie, en gezien de snelheid waarmee de bevolking groeit, is er over het algemeen ook genoeg te eten.

"Als we scènes te zien krijgen van uitgehongerde kinderen in Afrika, met een oproep aan ons om iets te doen om hen te helpen, is de onderliggende ideologische boodschap zoiets als:" Denk niet na, maak geen politisering, vergeet de ware oorzaken van hun armoede, doe gewoon, draag geld bij, zodat je niet hoeft na te denken!"

"When we are shown scenes of starving children in Africa, with a call for us to do something to help them, the underlying ideological message is something like: "Don't think, don't politicize, forget about the true causes of their poverty, just act, contribute money, so that you will not have to think"

— Slavoj Zizek

Ik heb genoeg Afrikanen ontmoet die hierover nogal gefrustreerd zijn. Ze zijn in bijvoorbeeld Nigeria opgegroeid in een grote stad, met airconditioning in hun huis, twee auto's voor de deur, en worden in Europa verbaasd aangekeken als ze zeggen dat ze vroeger ook al internet hadden. Het hulpeloze beeld van Afrika, dat niks kan zonder steun van Europa, is ook enigszins racistisch. Het houdt een gevoel van Europese superioriteit in stand. Wij zijn de redders van de wereld, zonder ons zijn ze niks. En natuurlijk zijn er rampen en droogtes in Afrika. Oorlog niet te vergeten. Maar niet overal. Niet altijd. De reclames konden meer eerlijkheid tonen over wie ze precies willen helpen, hoe, en waar, voor hoe lang. In plaats daarvan doen ze alsof het hele continent non-stop hulp nodig heeft.

Vergeet niet, die kinderen die gefilmd worden, daar staat een hele filmcrew achter de camera. Ze hadden dat kind ook een KitKat kunnen geven. Of een gezonde maaltijd. Een vitaminepil. Dan had je een vrolijk lachend kind gehad, maar dat heeft niet hetzelfde effect op de emoties van de kijker natuurlijk. En minder emotie, is minder geld. De bijwerkingen van zulke reclame, en het beeld dat gevormd wordt van Afrika, worden geaccepteerd door de makers van de reclame.

Dat laat natuurlijk de vraag open of retoriek een vorm van manipulatie is. Misschien. Waarschijnlijk. Je zou het zeker kunnen beweren, maar maakt het wat uit? Een onderhandelaar van de FBI manipuleert de crimineel in een poging om de gijzelaars vrij te krijgen.

Is de FBI agent dan slecht bezig omdat hij manipuleert, of goed omdat hij bezig is mensenlevens te redden?

Retorica is een stuk gereedschap, vergelijkbaar met een hamer. En een hamer kan worden gebruikt om iets te bouwen, of om iets te vernietigen. Retorica is niet anders. Het ligt aan de gebruiker om er iets goeds of iets kwaads mee aan te richten. Met dit boek kun jij het gebruiken, en hopelijk voor iets goeds. Bovendien zorgt kennis van retoriek er ook voor dat je minder vatbaar bent voor eenvoudige, lege retorische aanvallen van anderen. Zulke holle retoriek richt zich vaak puur op het stukje pathos, zonder aanvulling van logos, en met een twijfelachtig ethos.

"Ik wil niet overgeleverd zijn aan mijn emoties. Ik wil ze gebruiken, ervan genieten en ze domineren."

"I don't want to be at the mercy of my emotions. I want to use them, to enjoy them, and to dominate them."

— Oscar Wilde

Statistiek en tragedie

De tragedie en de statistek. Het gaat hier om de tragische verhalen van twee, veel te vroeg gestorven, kinderen. Er is geen eind goed, al goed. Er is geen gerechtigheid. Beiden zijn door voorkombare omstandigheden om het leven gekomen. Beiden hadden geen schuld in hun dood.

De eerste is de dood van een Syrisch jongetje. Aylan Kurdi. Hij was drie jaar oud, onderdeel van een Koerdische familie. In 2015, op het hoogtepunt van de vluchtelingencrisis probeerde zijn familie, met hem, vanuit Turkije de oversteek te maken naar Griekenland. Het simpele bootje was geen succes. Aylan sloeg overboord, verdronk, en spoelde aan wal. Aylan bereikte het beloofde land niet, hij stierf met zijn gezicht in het zand, bewegenloos in de branding. Een korte blauwe broek en een rood shirt. Elke krant, elke website, iedereen zag de foto van kleine Aylan. Kleine Aylan die was gestorven doordat Europa de grenzen niet wijd open gegooid had en iedereen binnen liet. Hoe harteloos kon men zijn om zulk leed te negeren?

Het is een gevoelig onderwerp, maar hoe kan het ook anders als we het over pathos hebben? Er zijn weinig recente voorbeelden die zo sterk gebruikt zijn als dit beeld van kleine Aylan. De foto ging gepaard met het verhaal. Een familie die vluchtte voor oorlog, die enkel op zoek was naar veiligheid en een beter leven. Het feit dat ze in Bodrum, een stad in Turkije, op de boot stapten, werd meestal genegeerd. In Turkije was namelijk geen oorlog, ze waren eigenlijk al veilig. Ze waren niet meer op de vlucht voor oorlog, maar op zoek naar meer welvaart, een betere kwaliteit van leven. Er was geen direct gevaar in Bodrum. Ze maakten een gecalculeerd besluit om de overgang erop te wagen, met alle gevolgen zichtbaar voor de wereld. Een tragisch resultaat.

Dit verhaal werd echter gebruikt om alle tegenstanders van de massamigratie de mond te snoeren. Ja, er zijn misschien problemen, en het is duur, maar hoe harteloos kun je zijn om te negeren wat er met Aylan gebeurd is? Laten we die discussie even laten voor wat het is, en eerst maar zorgen dat zoiets niet nog een keer gebeurt! Jij wil toch ook niet dat er nog een keer zo'n jongetje op het strand ligt? De uitkomst was duidelijk. De grenzen bleven open. Het migratiedebat was gereduceerd tot de vraag of je wel of geen dode kinderen wilt zien op stranden. Want de enige reden dat Aylan op zo'n zwak rubber bootje zat, was omdat Europa het zo moeilijk maakte om de grens over te steken, en mensen wanhopigere pogingen moeten wagen. Het was, hoe dan ook, 'onze' schuld.

Het is een verhaal, een tragedie. Zoiets kun je gebruiken om invloed te hebben, om mensen te manipuleren. Deze tragedie was wat het verschil maakte. De berichten over vijftig Afrikanen die verdronken waren, maar zonder beeld en zonder foto's, hadden die impact niet. Dat waren statistieken. Statistieken zijn treurig, maar een tragedie is onaanvaardbaar. Een statistiek kan nooit zulke sterke emoties oproepen als een tragisch voorbeeld dat kan.

Dan is er nog dat Zweedse meisje. Ebba Akerlund, ooit van gehoord? Een jong meisje op weg naar school. Ze loopt door de straten van Stockholm. Dan, uit het niets, komt daar een Oezbeekse immigrant in een vrachtwagen en rijdt over haar heen. Haar lichaam wordt in stukken gescheurd, ze was op slag dood. De media berichtte over de aanval in Stockholm door te zeggen hoeveel mensen waren gestorven. Ze gaven een statistiek. Het delen van het individuele verhaal zou bij mensen emoties opwekken, en de rechts-populistische partijen van Europe in de hand spelen. Een ongewenst resultaat.

De rechtse kant van het internet zag hier de mogelijkheid propaganda te maken voor hun doeleinden, en ze deelden het beeld van Ebba Akerlund. Het verhaal van dit meisje zorgde ervoor dat deze terroristische aanval bijzonder was, en minder snel vergeten werd. Het doel van het delen van de afbeelding was natuurlijk mensen te overtuigen dat de grenzen dicht moesten, om te voorkomen dat zulke Oezbeekse immigranten het land binnenkomen, en zulke aanvallen ook niet gebeuren. Wie herinnert zich zulke verhalen over de aanvallen in Nice, Parijs, Berlijn, Londen, of Madrid? De slachtoffers zijn altijd statistieken, er is nooit een verhaal. Statistieken wekken geen emotie op. Als men zich afvraagt waarom Europa de terroristische aanslagen als makke lammetjes accepteert, is dat het antwoord.

"Een enkele dood is een tragedie; een miljoen doden is een statistiek."

"A single death is a tragedy; a million deaths is a statistic."

— Joseph Stalin

Het ene wordt gezien als objectieve berichtgeving van het nieuws, het andere als propaganda. In feite zijn ze allebei hetzelfde, vrijwel identiek. Of je het manipulatie wilt noemen, of goed of slecht, dat is afhankelijk van je standpunt. Beide gevallen gebruiken pathos om invloed te verkrijgen. En het is hoe dan ook effectief. Ik neem hier geen standpunt in over het migratiedebat, ik gebruik deze voorbeelden enkel om de kracht ervan aan te geven, en hoe tactisch voorbeelden wel of niet gedeeld worden door de media.

Emotie ervaren

Hoe bereik je pathos en zorg je ervoor dat je
publiek emoties ervaart? Houdt hierbij in gedachten dat
al zulke tactieken puur binnen pathos vallen, en verwar
ze nooit met logos. Velen denken dat hun speech
volledig rationeel is en geen emotie bevat, maar er zijn
meer emoties dan haat en vreugde. Bijna elk onderwerp
is passend voor een emotie, vaak meerdere, je moet
alleen de juiste emotie herkennen. De juiste emotie sluit
niet enkel aan bij het onderwerp, maar ook bij je eigen
karakter, en dat van het publiek.

Je kunt een beroep doen op:
1. Woede
2. Rechtvaardigheid
3. Angst
4. Trots
5. Wrok
6. Medelijden
7. Wanhoop
8. Gelijkheid
9. Verbazing
10. Liefde
11. Walging
12. Verdriet
13. Vreugde
14. Schaamte

15. Machteloosheid
16. Achterdocht
17. Jaloezie
18. Hoop
19. Frustratie
20. Spijt
21. Haat
22. Dankbaar
23. Geluk
24. Paniek
25. Harmonie
26. Schuld

En, mogelijk zijn er nog meer die niet in deze lijst staan. Ze hebben alle andere effecten, en zijn voor andere doeleinden geschikt. Aristoteles gaat echter verder in een paar van deze, en legt ons uit hoe we bijvoorbeeld zorgen dat iemand boos of woedend wordt.

"De personen op wie we boos worden, zijn degenen
die ons uitlachen, bespotten of uitschelden, want
dergelijk gedrag is onbeschoft. Ook degenen die ons
verwondingen toebrengen die tekenen van
onbeschaamdheid zijn. Deze verwondingen mogen
geen vergelding zijn en evenmin winstgevend voor de
doeners: want alleen dan zal men voelen dat ze te
wijten zijn aan onbeschaamdheid. Ook degenen die
slecht over ons spreken en minachting voor ons tonen
in verband met de dingen waar we zelf het meest om

geven: zo worden degenen die graag bekendheid willen verwerven als filosofen boos op degenen die minachting tonen voor hun filosofie; degenen die trots zijn op hun uiterlijk, worden boos op degenen die minachting tonen voor hun uiterlijk, enzovoort in andere gevallen. We voelen ons bijzonder boos om deze reden als we vermoeden dat we in feite, of dat mensen denken dat we, de kwaliteiten in kwestie volledig of in enige effectieve mate missen. Want als we ervan overtuigd zijn dat we uitblinken in de kwaliteiten waarvoor we worden uitgelachen, kunnen we het spotten negeren."

"The persons with whom we get angry are those who laugh, mock, or jeer at us, for such conduct is insolent. Also those who inflict injuries upon us that are marks of insolence. These injuries must be such as a re neither retaliatory nor profitable to the doers: for only then will they be felt to be due to insolence. Also those who speak ill of us, and show contempt for us, in connection with the things we ourselves most care about: thus those who are eager to win fame as philosophers get angry with those who show contempt for their philosophy; those who pride themselves upon their appearance get angry with those who show contempt for their appearance and so on in other cases. We feel particularly angry on this account if we suspect that we are in fact, or that people think we are, lacking completely or to any effective extent in the qualities in

94

question. For when we are convinced that we excel in the qualities for which we are jeered at, we can ignore the jeering."

----Aristoteles

Als je tegenstander dus inspeelt op de woede van het volk, moet je begrijpen waarom het volk kwaad is. Dan kun je die punten aankaarten, om het volk weer te kalmeren. Je zult eerst de emoties moeten bedaren, voordat ze naar je logische standpunten willen luisteren. Om de emotie tegen te gaan, moet je altijd nadenken, wat is het tegenovergestelde van de emotie? En hoe kun je die emotie opwekken?

Volgens Aristoteles is het tegenovergestelde van woede is kalmte. We kunnen zo in principe de hele lijst doorgaan. Bij enkele zijn, afhankelijk van de precieze omstandigheden, wellicht andere antoniemen mogelijk.

1. Woede - Kalmte
2. Rechtvaardigheid - Onrecht
3. Angst - Gerustgesteld
4. Trots - Schaamte
5. Wrok - Vergeving
6. Medelijden - Verontwaardiging
7. Wanhoop - Hoop
8. Gelijkheid – Ongelijkheid
9. Verbazing - Verwaching
10. Liefde – Onverschilligheid / Haat

11. Walging - Verlangen
12. Verdriet - Vreugde
13. Vreugde - Verdriet
14. Schaamte - Trots
15. Machteloosheid - Macht
16. Achterdocht - Vertrouwen
17. Jaloezie - Gunnen
18. Hoop - Wanhoop
19. Frustratie - Voldoening
20. Spijt – Tevredenheid
21. Haat - Liefde
22. Dankbaar – Ondankbaar / Vanzelfsprekend
23. Geluk - Ongeluk
24. Paniek - Geruststelling
25. Harmonie - Chaos
26. Schuld – Onschuld

"De rationaliteit is, en behoort alleen de slaaf van de passies te zijn."

"Reason is, and ought only to be the slave of the passions."

— David Hume

Conclusie

Pathos is amoraal. Het is niet goed of slecht; maar het is in ieder geval krachtig. Het is veel sterker dan het delen van statistieken. De beste manier, zoals we al gezien hebben, is om een verhaal te vertellen. Dat 'storytelling' een kern onderdeel is van een goede speech is voor sommigen geen verrassing, maar het moet een goed verhaal zijn. Het verhaal moet emoties opwekken, en het moet passen bij het doel van je speech. Alhoewel een symbolisch verhaal kan werken, is in de meeste gevallen een waargebeurd verhaal effectiever.

"Het heeft geen zin om een man met logica uit iets te trekken, waar hij nooit met logica in is terecht gekomen."

"It is useless to attempt to reason a man out of a thing he was never reasoned into."

— Jonathan Swift

Logos

''Wijze mannen spreken omdat ze iets te zeggen hebben, idioten spreken omdat ze iets moeten zeggen.''

"Wise men speak when they have something to say, fools speak because they have to say something"

— Plato

Ethos en pathos zijn nog niet genoeg om mensen te overtuigen. Alhoewel ethos zorgt dat ze naar je luisteren, en pathos zorgt voor het hangen aan je lippen, is zo'n speech vermakelijk, doch snel vergeten. Voor een langdurig effect moet men het ook rationeel begrijpen. Het verhaal moet worden dichtgetimmerd met data, bewijs, een rationele verklaring, en statistieken. Alhoewel statistieken geen emotie oproepen, zijn ze van groot nut om te laten zien dat je verhaal geen uitzondering was. Dat het verhaal een onderdeel is van een groter probleem. Een speech zonder logos is niet lang houdbaar. Op het moment dat het publiek nog een keer reflecteert over wat je gezegd hebt, blijft er weinig over om de conclusie overeind te houden. De emoties ebben langzaam weg met de tijd. Mooie woorden, maar was het ook waar?

Zonder logos is het ook niets anders dan lege retoriek. Manipulatie en propaganda. Logos helpt ons om de waarheid te vinden. Natuurlijk kan statistiek misbruikt worden om elk punt te maken, en natuurlijk kan logos worden verdraaid, of gefalsificeerd, om een andere conclusie op te wekken. Maar in dat geval kan de logos worden aangevallen door de tegenstander, en de gaten en gebreken kunnen worden aangetoond. Uiteindelijk is het ideaal dat het om de logos gaat. Ethos en pathos zijn essentieel, maar tegelijkertijd ondersteunend. Zonder logos, wat is dan eigenlijk het punt dat je wilt maken? Hoe weet je zelf dat je gelijk hebt?

"Feiten zijn hardnekkige dingen, maar statistieken zijn buigzaam."

"Facts are stubborn things, but statistics are pliable."

— Mark Twain

Of er een absolute waarheid is, is een andere filosofische vraag. De overwinnaar schrijft de geschiedenis, en zij die aan de macht zijn bepalen de waarheid van vandaag. De sociale wetenschap heeft zich zeer flexibel getoond en het is nog moeilijk om daar harde bewijzen uit te halen die niet na een paar jaar tegengesproken worden. Logos kan ons desondanks

99

helpen om zo dichtbij mogelijk bij de waarheid te komen, door een zinvol rationeel debat te voeren.

"Want hoewel we zowel de waarheid als onze vrienden liefhebben, vereist vroomheid dat we eerst de waarheid eren."

"For though we love both the truth and our friends, piety requires us to honor the truth first."

--- Aristoteles

Als je data presenteert, zorg dan dat je het zo presenteert dat het makkelijk is om je redenatie te volgen. Naar welke cijfers kijken ze, wat betekent dit, hoe past dit in je grotere verhaal, hoe bevestigt dit je standpunt. Ga geen data verzinnen, vervalsen, of opzettelijk vals interpreteren; op het moment dat dat uitkomt is je ethos totaal kapot. Je kan prima een stuk van de data weglaten dat niet past bij je standpunt, je tegenstander kan het dan aahalen; zorg simpelweg dat je een tegenargument hebt over waarom je het hebt weggelaten. Zolang je het kan uitleggen is alles in orde, als dat niet het geval is krijgen mensen het gevoel dat je ze bedriegt. Bij twijfel kun je de data beter meenemen, en uitleggen waarom het niet belangrijk genoeg is om veel aandacht aan te wijden.

100

''De rede is een licht dat God in de ziel heeft
ontstoken.''

''Reason is a light that God has kindled in the soul.''

— Aristoteles

Wat moet je bewijzen met je logos? Ten eerste,
dat je eigen voorgestelde uitkomst mogelijk is, ten
tweede, dat de door jou voorspelde uitkomst
waarschijnlijk is, of indien mogelijk, zelfs een zekerheid.
Daarna wil je bewijzen wat je motief is, waarom het goed
is om te doen. Je wilt bewijzen dat je tegenstander zijn
voorstel niet mogelijk is, niet betaalbaar is, of
onwenselijk is. Je moet aangeven dat het voorstel niet zal
leiden tot de gewenste en voorspelde uitkomst, en
aantonen dat je tegenstander niet realistisch is.

''Het is het kenmerk van een ontwikkelde geest om in
staat te zijn een gedachte te koesteren zonder deze te
accepteren.''

''It is the mark of an educated mind to be able to
entertain a thought without accepting it.''

--- Aristoteles

Het is daarbij van groot belang om te overwegen
welke argumenten je tegenstander waarschijnlijk gaat
gebruiken. Vaak zitten daar weinig grote verrassingen
tussen. De volgende stap is te zoeken welke data en

ander bewijs er voor de tegenstander beschikbaar is. Je kunt je erop voorbereiden dat ze dit gaan laten zien. Hoe kun je het ontkrachten? Welke tegenargumenten heb je ter beschikking?

Waar mogelijk, laat je data tot leven komen. Ratel geen cijfers en statistieken af. Toon geen grote tabellen met nummers. Ga door tot de kern van je statistiek, en verbind het met iets zichtbaars. De bijenpopulatie krimpt met zoveel procent per jaar. Goed, wat is het zichtbare gevolg? Waarmee kunnen we de krimp vergelijken? Cijfers alleen blijven niet hangen, nooit, bij niemand.

”Niemand in deze wereld bezit absolute waarheid. Dit is alleen Gods attribuut. Relatieve waarheid is alles wat we weten. Daarom kunnen we alleen de waarheid volgen zoals we die zien. Zo'n zoektocht naar de waarheid kan niemand op een dwaalspoor brengen.”

”Nobody in this world possesses absolute truth. This is God's attribute alone. Relative truth is all we know. Therefore, we can only follow the truth as we see it. Such pursuit of truth cannot lead anyone astray.”

--- Mahatma Gandhi

Logische drogredenen

Om een sterke speech met logos te maken, moet je wel begrijpen wat een stukje logos is, en wanneer je drogredenen gebruikt. Daarbij moet je bij je tegenstander moeten kunnen herkennen waar zijn logos ophoudt, en de drogredenen beginnen. En er zijn genoeg drogredenen, we hebben een hele lijst.

Logos Drogredenen

"Dingen die waar zijn en dingen die beter zijn, zijn van nature praktisch altijd gemakkelijker om in te geloven."

"Things that are true and things that are better are, by their nature, practically always easier to believe in."

--Aristoteles

Onze logos moet robuust zijn, en daarbij moet men oppassen voor drogredeneringen. Deze klinken soms wel logisch, maar zijn het niet. Vaak genoeg worden mensen ermee voor de gek gehouden, en het is het waard om meerdere nog even kort te bekijken.

De meest voorkomende misvattingen en drogredeneringen

Stropop (strawman)

De vogelverschrikker, of man van stro, houdt in dat je een valse representatie opzet van het argument van je tegenstander. Je zet het argument zo op dat het, net als een pop van stro, makkelijk omver te blazen is. Het is een effectieve manier om je eigen argument kracht bij te zetten, en je zet daarmee je tegenstander terug in een defensieve houding. Het is wel oppassen dat je niet te veel overdrijft in de zwakte van het argument van je tegenstander, op welk moment het lachwekkend kan worden. Dan creëer je een hyperbool.

104

Reductio ad Absurdum

Het veranderen van het standpunt van de tegenstander in iets absurds, door het te overdrijven en te ridiculiseren. Het is in feite een overdreven 'strawman', die nog iets verder gaat. Alsof het bouwen van windmolens ervoor zorgt dat er in het hele land geen mooi uitzicht meer is.

Cherry Picking, de krenten uit de pap halen

Als er meerdere bewijsstukken beschikbaar zijn, kun je enkel die selecteren die jouw argument ondersteunen. Dit gebeurt altijd en overal, en je moet zelf een zekere expertise hebben in het onderwerp om dit op te merken. Je kan uit tactische overwegingen argumenten die je tegenstander in de hand spelen weglaten, maar zorg dat je zeker weet dat je eigen positie wel de juiste is. Het gaat uiteindelijk om de waarheid.

De Ad Hoc Redding of 'Moving the Goalposts'

Elke keer als je een argument wint, verschuift de tegenstander het debat en moet je jezelf opnieuw bewijzen. Iemand verklaart zijn standpunt en argument hoe hij daartoe gekomen is. Je verslaat zijn argument, en hij komt met een totaal ander argument dat tot dusver niet besproken is. De ad hoc redding van zijn standpunt.

No True Scotsman

Het 'No True Scotsman' argument komt van origine vanuit het boek 'An introduction to Western Philosophy' van Antony Flew. Het ging over een een Schot, genaamd McDonald, die in de krant las dat iemand in London een verschikkelijke misdaad begaan had. Hij riep uit dat een Schot zoiets nooit zou doen. De volgende dag stond er een soortgelijk artikel in de krant, maar deze keer was de dader iemand uit Schotland. Maar, het was natuurlijk geen echte Schot in dit geval, geen 'True Scotsman'. Het is afstand nemen van dat wat je ongelijk bewijst, zodat je kan vasthouden aan je geloof. Zoiets als zeggen dat het communisme in de USSR geen echt communisme was. Het hangt nauw samen met de ad hoc redding, gezien je achteraf, nadat je verloren hebt, gewoon kunt ontkennen dat dat debat relevant was.

Broken Window Fallacy, misvatting van het gebroken raam

Het idee data ls je raam kapot gaat, en je een nieuwe erin moet zetten, dat dit goed is voor de economie. Het GDP groeit, maar wie heeft er wat aan? Het was makkelijker als het raam niet kapot was. De misvatting werd geïntroduceerd door Frederic Bastiat, die verborgen kosten bj de vernieting van andermans eigendom wou verhelderen.

Slippery Slope Fallacy

Een hellend vlak. De gedachtegang dat het ene leidt tot het andere, en ga zo maar door, tot een catastrofaal einde is aangebroken. Soms klopt het, vaak is het ongegronde angst. Ook als het uiteindelijk blijkt te kloppen, is het niet werkelijk logos. Het is eerder angst zaaien voor de toekomst, maar je doet er goed aan om ook nog een stuk ander bewijs te hebben dat er op duidt dat deze toekomst waarschijnlijk is, en niet enkel je eigen nachtmerriescenario.

Hasty Generalisations, haastige generalisatie

Een snelle generalisatie. Dat er ook rokers zijn die lang leven, betekent niet dat dat bewijs is dat roken niet ongezond is. De anecdote over je tante is geen bewijs.

Red Herring, rode haring

Een rode haring is een afleiding van het debat. Als je debat niet goed loopt, kun je proberen de koers te veranderen. Kom met een andere uitspraak, die licht gerelateerd is aan het onderwerp, en kijk of je tegenstander bijt. Als je gepresenteerd wordt met een stuk aas, kun je het beste erkennen dat dit een vraag is, maar niet iets wat je nu wilt bespreken, en verder gaan met je eigen punt.

Causale verbanden en Statistiek

De misvatting van de gokker

De drogreden van de gokkers. Als bij een roulette tafel de bal zes ronden na elkaar op rood terecht is gekomen, denkt de gokker dat de volgende ronde hij weer op rood zal belanden. Ook wel bekend als de 'hot hand' drogreden. In realiteit is de kans op rood of zwart elke ronde precies hetzelfde, en geheel onafhankelijk van de voorgaande rondes. Het idee is dat de geschiedenis zich zal herhalen. De gokker heeft gelijk als er gerommeld is met de roulette tafel, en de kansen op rood en zwart niet meer gelijk zijn. Normaal gesproken is er geen causaal verband tussen de vorige ronde op de roulette tafel en de huidige ronde. Het is zoeken voor verbanden die niet bestaan.

Causaal reductionisme

De aanname dat omdat gebeurtenis 'Y' gebeurde na 'X', dat daar een causale relatie uit af te leiden is. Correlatie betekent echter niet altijd een causaal verband. Het is te makkelijk om een correlatie direct te reduceren tot een causaal verband.

Anderzijds kan men ontkennen dat 'Y' gebeurd is, omdat 'X' niet gebeurd is. Met een vermeend causaal verband tussen de beiden, probeer je te bewijzen dat het daardoor onmogelijk is dat het ene plaatsvindt zonder het andere.

Petitio Principii

Een cirkelredenatie. Je redenatie begint met een aanname die je veronderstelt als vanzelfsprekend, waarvan het nog maar de vraag is of die aanname klopt. In sommige gevallen 'bewijs' je die aanname door vanuit je conclusie terug te koppelen. Het is vergelijkbaar met het Engelse 'begging the question'. Iets wordt aangenomen als feit, wat nog maar bewezen dient te worden.

Vermeende zekerheid

De vermeende zekerheid is nauw verbonden met de cirkelredenering. Vaak worden in een debat aannames gedaan. Het is dan maar de vraag hoe betrouwbaar die aannames eigenlijk zijn. Is het wel zo vanzelfsprekend? ''We weten allemaal dat...'' Tja, dat is soms nog maar de vraag. Is dat wel zo?

Biased Sample Fallacy, een vooringenomen steekproef

Je 'sample' of steekproef is niet representatief voor het geheel. Als je in Engeland een onderzoek doet, kun je niet enkel mensen uit Londen vragen wat ze denken. Je steekproef is daarmee niet representatief voor het gehele land, want de demografie in London is anders dan die van de rest van Engeland.

Misvatting van statistieke gemiddelden

Mensen snappen de gemiddeldes in statistiek vaak niet. Ze denken dat als mannen gemiddeld slimmer zijn dan vrouwen, dat dat betekent dat elke man slimmer is dan elke vrouw. (Ik stel niet dat de voorgaande stelling waar is, het is slechts een voorbeeld.) Feitelijk correcte uitspraken worden daardoor aangevallen, gebaseerd op een foutieve interpretatie van de betekenis van de statistiek.

Misvatting van de algemene regel

Sommige regels kunnen bij uitzondering worden gebroken. Deze drogreden houdt in dat zulke uitzonderingen niet bestaan. Als 99% overeen komt met je stelling, en die 1% niet, bewijst dat helemaal niks over die andere 99%. Dit is enkel een geldige tegenaanval als iemand praat van absoluten.

Het gevaar van spreken in absoluutheden

Als je zegt alle, altijd, nooit, niemand, maak je je argument veel zwakker. Het wordt daarmee moeilijker om te verdedigen. De misvatting van de algemene regel geldt niet meer. Zodra iemand kan bewijzen dat er een uitzondering is op je stelling, valt je hele argument in duigen.

Misvatting van de compositie

Als een uitspraak klopt voor een onderdeel van het geheel, dan wordt aangenomen dat de uitspraak toegepast kan worden om het geheel te beschrijven. Als een groep marathonlopers het geheel is, en de enkele hardloper in deze groep het onderdeel, dan klopt het dat als de individuele hardloper sneller rent, dat zijn kans om te winnen groter is. Dat betekent echter niet, dat als de groep van marathonlopers sneller rent, dat hun kans om te winnen stijgt. Er is desondanks slechts een enkele winnar.

Een ander voorbeeld; het atoom kan niet met het menselijk oog worden gezien. Mensen, die zijn gemaakt van een verzameling van atomen, kunnen volgens deze drogreden dan dus ook niet worden gezien.
Mocht het zo zijn dat de kenmerken van het onderdeel en het geheel hetzelfde zijn, dan gaat het hier natuurlijk niet om een drogreden.

Misvatting van de verdeling

Het tegenovergestelde van voorgaande drogreden is de drogreden van verdeeldheid. Het gaat er vanuit dat dat wat geldt voor het geheel, ook geldt voor het onderdeel. Dus als de Katholieke Kerk schuldig is aan institutioneel kindermisbruik, dat daarmee ook elke individuele priester daarmee schuldig is.

Een beroep doen op...

In alle voorbeelden waarbij men een 'beroep doet' op iets, wijkt men openlijk af van logos.

Beroep doen op geluk

Het tegenovergestelde van de 'gambler's fallacy', hier wordt de aanname gemaakt dat iets dat duidelijk een correlatie toont, eigenlijk puur wegens geluk en toeval zo is. Dat wordt moeilijker om te verdedigen, naar mate de hoeveelheid van bewijs voor een causaal verband toeneemt.

Beroep doen op stupiditeit

Keur de data af en doe een beroep op stomheid. Wie heeft statistiek nodig? Kijk naar de wereld om je heen. Het is wel af te vragen of dit een goede strategie is.

Argumentum ad Naturam

Een beroep doen op de natuur. Omdat het in de natuur gebeurt, kan het niet slecht zijn. Het is immers natuurlijk. Dat klinkt logisch, maar zo kun je vrij veel goed praten. Oorlog, moord, verkrachting, het gebeurt allemaal in de natuur.

Argumentum ad Ignorantiam

Beroep doen op onwetendheid. Ik kan

112

misschien niet bewijzen dat God bestaat, maar jij kan ook niet bewijzen dat hij niet bestaat. Ik kan ook beweren dat je mijn religie niet mag bekritiseren, omdat je niet geschoold bent in de Koran, de Talmud, of de Bijbel. Je bent 'onwetend' over het geloof.

Beroep doen op een mogelijkheid

'Ja, maar, het kan wel.' Beroep doen op een mogelijkheid. Ook al is het onwaarschijnlijk, moet je toegeven dat het in theorie wel mogelijk is. En, als het een mogelijkheid is, ja, dan moeten we natuurlijk iets eraan doen.

Ad Fidentia

Het soort van omgekeerde van een beroep doen op een mogelijkheid dat iets kan, is het idee dat zonder een 100% bevestiging dat iets zo is, het niet genoeg is om een besluit erover te nemen. Kan je tegenstander met 100% zekerheid zeggen dat het zo is? Nee?

Het is een drogreden dat volle zekerheid nodig is, een grote waarschijnlijkheid is genoeg om een beslissing op te baseren.

Argumentum e Silencio

Beroep doen op stilte. Stilte kan heel veel kracht hebben in een speech. Mensen vullen in de stilte zelf de gaten in je logica, zolang ze al overtuigd zijn. Althans, in

113

theorie, het heeft toch een wat twijfelachtige werking om mensen te overtuigen. Regelmatige korte pauzes in je speech zijn natuurlijk prima, en staan los van deze drogreden. Ze zijn prima om nadruk te leggen.

Beroep doen op gezond verstand.

Beroep doen op gezond verstand. Wat is dat? Buiten je eigen volgers overtuig je daar niemand mee. Bijna iedereen gelooft dat wat zij geloven 'gezond verstand' is. Het mag dan een drogreden zijn, het kan desondanks nuttige retoriek zijn. Het verbindt je met het publiek.

Beroep doen op de definitie

Gebruik het woordenboek en zoek de definitie op. Ook al staat in het woordenboek dat huwelijk iets is tussen man en vrouw, zullen je tegenstanders simpelweg zeggen dat deze definitie achterhaalt is.

Beroep doen op Galileo

Een beroep doen op Galileo. Men dacht dat hij gek was voor zijn astronomische denkbeelden, maar hij bleek gelijk te hebben. De aarde draait om de zon. Met dat argument kan iedereen beweren dat in de toekomst men zal zien dat hij gelijk heeft. Maar niet iedereen is Galileo.

114

Dilemma en keuze

Valse Dichotomie

Het is of dit, of dat. Een vals dilemma. Het geeft slechts twee opties weer, terwijl die opties misschien helemaal niet realistisch zijn, of terwijl er talloze andere opties zijn. Het reduceert het debat in het voordeel van de persoon die de valse tegenstelling maakt.

We kunnen dit doen, of dat doen. Maar, klopt dat wel? Kunnen we niet beide doen? Kunnen we niet iets heel anders doen? Het kan effectief zijn om te doen alsof er twee mogelijkheden zijn, als beide van deze door jou voorgestelde oplossingen voor jou positief uitpakken.

Voor de verdediging is het vaak het beste om het dilemma geheel te verwerpen en met een alternatief te komen. Tenzij het een terecht dilemma is, wat eerst dient uitgesloten te worden.

Decision Point Fallacy

Het is moeilijk om te zeggen waar precies geel in oranje verandert, en waar in rood. Dat betekent echter niet dat het niet eenvoudig is om te zeggen dat geel, oranje, en rood, drie verschillende kleuren zijn. Dat het moeilijk is om te zeggen waar precies het ene begint, en het andere eindigt, betekent niet dat er geen verschil is.

115

Een beladen vraag

Een suggestieve vraag is bijvoorbeeld 'Geeft u niet om deze dode kinderen?' als een vraag over wapens verbieden na een 'school shooting'. Het stelt de ander in een defensieve, en ongemakkelijke positie. Het geeft de indruk dat er hier een dilemma is tussen om dode kinderen geven, of wapens legaal willen houden. Daarmee breng je een vals dilemma tot stand.

Onduidelijkheid en wartaal

Misvatting van onduidelijkheid

Onduidelijkheid. Onduidelijkheid nodigt tegenaanvallen uit, of zorgt voor onbegrip van mensen die het daadwerkelijk niet begrijpen. Een sterk, defensieve speech, heeft geen ruimte voor onduidelijkheid. Onduidelijkheid is soms ook een laffe strategie voor de verdediging, om het zo onmogelijk te maken om hun standpunten aan te vallen. Het is immers onduidelijk wat hun standpunten zijn.

Gebrek aan opheldering

Je zegt iets onduidelijks, je tegenstander vraagt het je te verduidelijken, en je zegt iets dat net zo vaag is maar in wat andere woorden. Een typische stunt van politici. Niemand will namelijk drie keer dezelfde vraag stellen.

Academische Brabbeltaal

Moeilijke woorden gebruiken om intelligent te klinken. Een soortgelijk probleem existeert bij het gebruik van vele afkortingen en jargon. Deze strategie gaat vaak samen met de pretentie dat iets echt heel gecompliceerd is, ook als het dat niet werkelijk is. Veel mensen voelen zich hierdoor dom, en zijn bang om het aan te vallen.

"Als je het niet eenvoudig kunt uitleggen, begrijp je het niet goed genoeg."

"If you can't explain it simply, you don't understand it well enough."

--- Albert Einstein

Equivocation

Het gebruik van hetzelfde woord in twee verschillende betekenissen. Sommige woorden zijn multi-interpretabel. Dit is een apart trucje waarbij je in een debat het woord op verschillende wijzen gebruikt. Vaak doorzichtig, maar mogelijk nuttig voor de insertie van humor.

Een aanval op de bron

Genetische misvatting

Het idee dat iets niet klopt, gebaseerd op de bron

waar het vandaan komt. De ongelovige kan beweren dat iets onjuist is, omdat het in de Bijbel staat, en de Bijbel een onbetrouwbare bron is. Zelfs als dat klopt, is dat op zich geen reden om vast te stellen dat deze uitspraak ook onwaar is.

Ook in de Bijbel kan iets staan wat daadwerkelijk klopt. Een gebroken klok geeft ook twee keer per dag de juiste tijd aan. Als de Bijbel zegt dat we niemand moeten vermoorden, is het geen sterk argument om te zeggen dat moord prima is, want de Bijbel is toch een slechte bron. Ook bij een zwakke bron moet je daarbij uitleggen waarom het onjuist is, met echte argumenten.

Dat betekent niet, dat je de bron van iemand zijn uitspraak niet kan aanvallen om de geloofwaardigheid en het ethos aan te vallen. Slechte bronnen hebben we al besproken in het gedeelte over ethos.

Misvatting van de vijand

De instelling dat je tegenstander op elk punt het fout moet hebben, en jij het oneens moet zijn. Je kan je tegenstander prima gelijk geven. Bedenk wat het echte probleem is, en strijdt daarover. Bij details kun je makkelijk toezeggingen doen, maar pas op dat je tegenstander je niet in een hoek duwt waar je moeilijker uit kunt komen.

Gebroken vergelijking

Een gebroken vergelijking. De roker die elke morgen moet roken, vergelijkt het met mensen die elke morgen een kop koffie moeten drinken. De ene verslaving is echter veel ongezonder dan de andere, en daarmee een zwakke vergelijking. Een gebroken vergelijking maakt de conclusie niet meer, maar ook niet minder waar. Hetzelfde geldt voor een subjectieve anecdote, alhoewel die wel kunnen helpen voor een stuk pathos.

De 'Fallacy Fallacy', oftewel Misvatting Misvatting

Het is ook een drogreden om te concluderen dat omdat je tegenstander een drogreden gebruikt, zijn conclusie daardoor automatisch onjuist is. Ook met een drogreden kun je tot de juiste conclusie komen, en misschien zijn andere argumenten sterk genoeg om het overeind te houden.

Burden of Proof, de bewijslast

Waar ligt de bewijslast? Sommige proberen listig de bewijslast bij de andere partij te leggen, alhoewel zij zelf met een aanname en een plan komen dat het bewijs benodigt.

Conclusie

Er zijn veel verschillende logische drogredeneringen, in verschillende divisies. Er zijn er nog meer dan dat we hier besproken hebben, en velen gebruiken weer net andere namen of definities. Desondanks geloof ik dat de hier gegeven lijst alle met regelmaat voorkomende drogredenen besproken heeft. Probeer ze te vermijden, als je gelijk hebt, heb je ze niet nodig. Drogredenen gebruiken is een teken van zwakte, een gebrek aan echte argumenten.

Iedereen kan met drogredenen een standpunt verdedigen, zoals iedereen terugblikkend kan voorspellen hoe iets zou aflopen. Ook iedereen kan speculeren over de toekomst, maar dat maakt het nog niet waar. Pas op voor drogredenen bij je tegenstander. Val ze aan, en breek ze af. Sommige drogredenen zijn echter moeilijk aan te vallen, en eerder gemene tactische hulpmiddelen om een debat naar de winst te duwen. Als je dit nodig hebt, zijn je echte argumenten niet sterk genoeg.

Daarbij, pas op voor het compromis. Alhoewel soms goed, is het vaak niet anders dan een kleiner verlies. Het verschil tussen geen oorlog, of wel oorlog, is groot. Om een compromis te sluiten dat 'een beetje oorlog' voorstelt, is geen goede oplossing. Weet waar je voor staat, en laat je niet verleiden door een eerlijke oplossing, die eigenlijk totaal oneerlijk is.

Het spreekt vanzelf dat naast deze drogredenen, het ook voorkomt dat mensen foute informatie gebruiken. Gewoon puur foutieve data, verkeerde statistieken, enz. Dit kan je ethos flink schaden en wijst erop dat je niet goed voorbereid was.

Je logos is de kern van je toespraak. Zorg ervoor dat het robuust is, stevig, en niet makkelijk aan te vallen. Bereid je preventief voor op mogelijk aanvallen van je tegenstander, zodat je ze makkelijk kunt wegslaan.

8 HET BELANG VAN TAAL

George Orwell was de eerste die inzag hoe belangrijk taal is in de politiek, en er ook over schreef. De woorden die we kiezen en de terminologie die we gebruiken heeft invloed op hoe we denken. Het is ook hierdoor dat onze taal invloed heeft op onze cultuur. Verschillende talen zijn geschikt voor verschillende stijlen van communicatie, en leiden daardoor tot verschillende samenlevingen. Orwell schreef hierover in zijn werk "Politics and the English Language", maar het kwam ook naar voren in de term 'Newspeak' in zijn boek "1984".

Neem bijvoorbeeld het woord homofobisch. Een phobia komt vanuit het Griekse woord 'phobos', wat 'irrationele angst' betekent. Het zou inderdaad zeer irrationeel zijn om bang te zijn voor homoseksuelen, aangezien er geen bewijs is dat ze gewelddadiger zijn dan andere personen. Maar, zijn homofoben daadwerkelijk bang voor homoseksuelen? Veel gelovigen zijn homofobisch, of het nu Christenen, Moslims, of Joden zijn. Dat heeft weinig met angst te maken, en meer dat hun religie het verbiedt, en ze trouw deze dogma's volgen. Waarom zeggen we dan dat het om angst gaat, als het bij vele van deze mensen eerder om een afkeer gaat? Walging zou beter passen dan angst. Homofobie onderscheidt zich daarbij van arachnofobie. Dat wijst wel op mensen die daadwerkelijk een irrationele angst van kleine, ongevaarlijke, spinnen hebben. Maar deze Christenen, of Moslims, die schrikken niet als ze een homo zien. Ze walgen. Een zeer onterechte reactie, maar de definitie van het woord past niet goed bij de opbouw van het woord.

"De woorden democratie, socialisme, vrijheid, patriottisch, realistisch, rechtvaardigheid, hebben elk verschillende betekenissen die niet met elkaar te verzoenen zijn. In het geval van een woord als democratie is er niet alleen geen overeengekomen definitie, maar wordt de poging om er een te maken van alle kanten tegengewerkt. Het is bijna universeel van mening dat wanneer we een land democratisch noemen, we het prijzen: bijgevolg beweren de verdedigers van elk soort regime dat het een democratie is, en vrezen ze dat ze misschien moeten stoppen met het gebruik van het woord als het gebonden was aan een een betekenis. Dergelijke woorden worden vaak op een bewuste oneerlijke manier gebruikt."

"The words democracy, socialism, freedom, patriotic, realistic, justice, have each of them several different meanings which cannot be reconciled with one another. In the case of a word like democracy, not only is there no agreed definition, but the attempt to make one is resisted from all sides. It is almost universally felt that when we call a country democratic we are praising it: consequently the defenders of every kind of régime claim that it is a democracy, and fear that they might have to stop using the word if it were tied down to any one meaning. Words of this kind are often used in a consciously dishonest way."

— George Orwell

Homofobie heet niet zomaar homofobie. De term is in de jaren '60 geslagen door psycholoog George Weinberg. Dit was gedurende een tijd dat homoseksualiteit nog verre van aanvaard werd. De implementatie van deze term was dan ook zo georchestreerd, zodat het kon helpen bij de wijdverbreide acceptatie van homoseksualiteit. Het was niet bedoeld als neutrale term. De term had een politiek doel. Het zorgde ervoor dat tegenstanders van homoseksuelen werden weggezet als mensen met een irrationele angst.

Hetzelfde trucje werd toegepast enkele decennia later met de term islamophobia. De term ontstond in jaren '90, toen de spanningen met Moslims en terrorisme voor het eerst begonnen op te lopen en de eerste Golfoorlog had plaats gevonden. Wederom impliceert het een irrationele angst. Kritiek leveren op de Islam kan niet, de positie van Islam criticus bestaat niet. Enkel die van islamophoob. Echter, toen Voltaire en anderen de Katholieke Kerk aanvielen, was dat vanuit angst? Was Voltaire een Christenphoob? Had hij een irrationele angst voor Christenen? Nee, we zeggen dat hij juist zeer rationeel was in zijn walging, en afkeer, van de Katholieke Kerk. Ongelovigen zijn geen 'deophoben', ze hebben geen irrationele angst voor God. Ze geloven simpelweg niet dat hij bestaat. Hierdoor is kritiek op het Christendom rationeel en getolereerd, terwijl kritiek op de Islam je als bange islamophoob presenteert.

Voor xenophoben geldt hetzelfde. Alhoewel we ook zouden kunnen zeggen dat juist die mensen die helemaal gek zijn van alles dat vreemd is 'xenomania' hebben. Het is geen toeval dat het ene woord regelmatig wordt gebruikt, en het andere vrijwel nooit.

En we kunnen accepteren dat het goed is dat we deze woorden hebben. Ze ondersteunen een progressieve beweging van gelijkheid en tolerantie. Dat is prima, het is een mooi resultaat. Het mooie resultaat, houdt echter niet in dat we blind moeten zijn voor het gebrek aan neutraliteit van deze woorden. Als je een doel wilt bereiken, moet je bedenken welke woorden helpen bij je 'framing' om het doel te bereiken.

"Retoriek, het gebruik van taal om te informeren of te overtuigen, is erg belangrijk bij het vormgeven van de publieke opinie. We laten ons heel gemakkelijk voor de gek houden door taal en hoe het door anderen wordt gebruikt."

"Rhetoric, which is the use of language to inform or persuade, is very important in shaping public opinion. We are very easily fooled by language and how it is used by others."

---- Ray Comfort

9 RETORISCHE HULPMIDDELEN

Logos, ethos, en pathos zijn de drie pillaren van de retoriek. Maar dat is natuurlijk niet alles wat retoriek inhoudt. De pillaren leggen de nadruk op de inhoud van wat we zeggen, maar niet in welke stijl we het zeggen. Niet hoe we het zeggen. We moeten er op de een of andere manier nog wat moois van maken, dat ook goed klinkt.

Het is een soort kunst. Beroemde, goedgemaakte uitspraken, worden soms jarenlang, soms decennialang, en soms eeuwenlang herhaald. Het laat mensen denken, en benadrukt de briljante inhoud van de speech. De beste speeches, de beste uitspraken uit de geschiedenis, doen niet onder voor de kunstwerken die in de grootste musea ter wereld tentoongesteld hangen.

''Het doel van kunst is niet om het uiterlijk van iets te tonen, maar de innerlijke significantie.''

"The aim of art is to represent not the outward appearance of things, but their inward significance."

— Aristoteles

Maar hoe doen we dat dan? Hoe maken we een kunstwerk van onze speech? Daar hebben we onze retorische hulpmiddelen. Voordat je deze kunt gebruiken, moet je ze wel kennen. We bespreken retorische hulpmiddelen die helpen bij:

o   Het gevecht aangaan
o   Een sterke defensie vormen
o   Dingen een andere naam geven
o   Vergelijkingen maken
o   Het mooier maken
o   De nadruk leggen op iets
o   Vragen stellen
o   Een lijst toevoegen
o   En, als laatste, een stukje humor toevoegen

Iets dat in elke sectie terugkomt is de regel van drie. Drie is een magisch getal in de retoriek. Je herhaalt iets drie keer, je speech bestaat uit drie argumenten, en je lijst bestaat uit drie punten. Altijd drie. Drie van dit, drie van dat, drie van alles. Daarnaast moet je je beseffen dat bij een speech men niet nog een keer terug kan naar de vorige bladzijde en het nog een keer lezen. De belangrijkste punten in je speech moet je herhalen. Herhalen, herhalen, herhalen. Daarmee zorg je ervoor dat het publiek het kan onthouden.

Het gevecht aangaan

Met modder gooien is niet de mooiste manier van winnen, maar het kan desondanks helpen om de winst te behalen. Is het verkeerd om met modder te gooien, als je weet dat je tegenstander het land kapot zou maken? Het is hoe dan ook beter om het verbaal uit te vechten, dan om over te gaan tot geweld.

Het moet desondanks niet je openingssalvo zijn. Het is een tactiek waarmee je moet oppassen, misschien zit je later met deze persoon in een coalitie, of moet je op een andere manier met deze persoon samenwerken.

Daarbij vallen overdreven aanvallen niet goed bij het publiek. Je wil niet agressief overkomen. Je wil niet de klootzak zijn. Voor de media of buitenstaanders is het makkelijker om met modder te gooien, die dragen niet dezelfde consequenties.

Hoe ver je kan gaan met je beledigingen, en wat voor beledigingen toepasselijk zijn, is afhankelijk van je begeerde ethos. De stand-up comedian kan beledigingen rondslingeren zonder terugslag te krijgen, maar als je een imago wilt hebben van respectabele politicus, dan moet je je beledigingen inperken. Je moet ze, tenminste, wat subtieler brengen.

"Iedereen kan boos worden, dat is makkelijk, maar om boos te zijn op de juiste persoon, en in de juiste mate, en op het juist tijdpunt, en voor de juiste reden, en op de juiste manier - dat ligt niet in iedereen's mogelijkheid en is niet makkelijk."

"Anybody can become angry — that is easy, but to be angry with the right person and to the right degree and at the right time and for the right purpose, and in the right way — that is not within everybody's power and is not easy."

— Aristoteles

Het is vaak beter om sterke, grove, beledigingen over te laten aan bondgenoten die buiten het debat staan.

Dysphemisme

Een euphemisme is iets slechts anders verwoorden, waardoor het minder slecht klinkt. Iemand is een persoon met een beperking, en geen mongool. Een dysphemisme doet hetzelfde, maar in de andere richting. Iemand met overgewicht is moddervet. Onzin is 'bullshit'. Een psychiater is een zielenknijper. Onprettige geur uit iemand zijn mond? Je stinkt uit je bek.

Beleefd is het niet, dat is ook niet het doel. Ze zijn het meest effectief bij iets wat men kan visualiseren, zodat het sterkere emoties oproept. Het hoeft niet een nieuwe term te zijn, maar een term als 'bullshit' heeft natuurlijk door overmatig gebruik de kracht van visualitie verloren. Niemand denkt meer aan stierenstront bij de term.

Dysphemismen kunnen de smaak van een debat veranderen, en helpen met 'framing' van een onderwerp.

Bdelygmia

De volle aanval, geen nuance, geen subtiele bedoeling. Directe beledigingen gericht op je tegenstander. Totaal trash-talk. Een zeer agressieve bedoeling. Dit werkt alleen als je je tegenstander compleet kan vernederen, een totale verwoesting.

Zoals Sun Tzu al zei "Je hoeft je vijand niet te vernietigen, je hoeft er alleen voor te zorgen dat hij niet meer bereid is om aan te vallen." Dat is ook het doel van deze tactiek. Het is een tactiek die bij uitzondering gebruikt moet worden, want het kan makkelijk de tegenwerking van je tegenstander oproepen. Als je tegenstander te ver is gegaan, kun je dit gebruiken om te laten zien dat ook jij tanden hebt.

Roosevelt en Churchil gebruikten dit soort tactieken tijdens de Tweede Wereldoorlog tegen Hitler. Bush en Obama tegen Saddam en Osama. Je volgers moeten trouw zijn en weinig respect hebben voor je slachtoffer. Iemand als Donald Trump, die overal iedereen beledigd, heeft door het misbruik van deze tactiek veel te veel vijanden gemaakt.

Apophasis

Een niet al te subtiele manier om over iets te beginnen door te zeggen dat je er niet over gaat beginnen. "Ik ga het in dit debat niet hebben over het Penthouse van Pechtold, ik wil een inhoudelijk debat voeren over corruptie in dit land." Het is redelijk doorzichtig, maar het is desondanks moeilijk om het met een counter aan te vallen, omdat de andere persoon al heeft aangegeven er verder niet over te willen praten. Het is dan ook voor de tegenstander onverstandig om er juist nog meer aandacht op te vestigen. Vrienden maak je er niet mee, en je tegenstander kan ook jouw drek nog een keer boven halen. Het is een redelijk beleefde manier om je tegenstander te beledigen, en kan in sommige gevallen met een stukje humor worden gebracht.

Een sterke defensie

De focus ligt op de inhoud en structuur van je speech. Een sterke speech is robust en niet makkelijk aan te vallen. Je bouwt spreekwoordelijke muren om je speech, om te zorgen dat het de muren van Troje of Constantinopel evenaart. Uiteindelijk kan elke muur worden gebroken, maar je kan het je tegenstander wel moeilijker maken.

Distinctio

Een praktisch hulpmiddel, met name als het over abstracte onderwerpen gaat. Distinctio houdt in dat je het verschil aankaart tussen waar jij het over hebt, en hoe dat mogelijkerwijs ook anders kan worden gezien. Je helpt je publiek bij de interpretatie van je woorden. ''Ik ben tegen socialisme, en wat ik bedoel met socialisme is...''

Dit staat toe dat je heel duidelijk bent in je standpunt. Socialisme is een abstract woord waarbij iedereen aan iets anders denkt, en sommige hebben sterk positive connotaties zoals 'mensen helpen', terwijl anderen denken aan 'hoge belasting'.

Distinctio erkent deze verschillende connotaties, en lost ze op door in zeer duidelijke woorden, zonder abstractie, uit te leggen waar je dan precies tegen bent.

133

Hierdoor kunnen mensen je woorden ook niet zo makkelijk verdraaien en plotseling beweren dat je 'tegen mensen helpen' bent.

Als jij en je tegenstander niet over hetzelfde idee praten, dan gaat het debat ook nergens heen. Het publiek gaat mee met die persoon die dezelfde idee bij het woord heeft als zijzelf, een discussie is daardoor niet te winnen. Een distinctio biedt precisie in je aanval. Zoals aangegeven in het hoofdstuk over het belang van taal en George Orwell, is het van groot belang om bij abstracte zaken een definitie te geven.

Exemplum

Zelfs zonder kennis van Latijn is het duidelijk dat we het hier hebben over 'examples', oftewel voorbeelden. Een voorbeeld erbij schetsen helpt mensen altijd om je punt beter te begrijpen, of het voorbeeld nu realiteit is of een fictief alternatief.

Bij een voorbeeld moet men oppassen dat het niet makkelijker te counteren is dan het argument dat het ondersteunt zelf. Een verslagen voorbeeld, zal lijken op een verslagen argument. Voorbeelden kunnen statistieken tot leven brengen, maar zijn tegelijkertijd een alternatief doelwit voor je tegenstander.

Climax

De climax. Het hoogtepunt op het einde. Je moet er naartoe opbouwen, en afsluiten met de knaller. Makkelijker gezegd, dan gedaan. Het gebeurt zo vaak dat speeches fantastisch zijn, maar de climax een beetje tegenvalt. De grote finale blijft uit, en het publiek is onbevredigd. Waar draait je speech om? Wat is het punt dat je wilt maken? Dat is ook wat tijdens dit slotpunt nog een keer naar voren moet komen. Je onderbouwing is klaar, nu is het tijd om met volle overtuiging nog een keer te laten horen waar je in gelooft. Niemand zit te wachten op een anticlimax. De emotie die je naar voren wou brengen in je speech, moet op het einde nog een keer tot opleving komen.

"Dank jullie wel voor jullie aandacht." Dat is een anticlimax. Je wil niet afsluiten met zo'n slap bedankje. Je hoeft de mensen ook niet te bedanken, ze zitten daar vrijwillig omdat jij iets interessants te zeggen hebt.

Iets een andere naam geven

Er zijn meerdere manieren om je onderwerp een nieuwe naam te geven. Dit geeft het voordeel van variatie in je speech, in plaats van de hele tijd dezelfde woorden te gebruiken. Het helpt ook om je speech een beetje op te fleuren en tot leven te brengen. Het kan nadruk leggen op sommige woorden, of er een andere laag van betekenis aan meegeven. Een andere naam geven is anders dan een vergelijking maken, je vergelijkt niks, je neemt enkel een andere term ervoor in de plaats. Een vervanging.

Hypocotastasis

Hypocotastasis is een vervanging van een woord, of bijvoorbeeld iemand zijn naam, voor een woord met een duidelijk andere, maar tenminste in jouw visie, gerelateerde betekenis. Osama Bin Laden is 'the villain'. De slechterik. Met deze hypocotastasis kun je nu over Osama praten zonder zijn naam te noemen. De slechterik verstopt zich in Afghaanse grotten. Je kan zo in een enkele klap Osama de slechterik noemen, zonder met je belediging van je verhaal af te leiden.

Je zou de gehele fractie van de Partij voor de Dieren kunnen kunnen omdopen tot simpelweg 'de veganisten'. De naam van dit hulpmiddel is moeilijk, maar het wordt eigenlijk met regelmaat gebruikt.

Synecdoche

Het verwijzen naar het geheel, door middel van een onderdeel. Een koning draagt een kroon, maar we kunnen naar de koning verwijzen door te zeggen 'de kroon heeft besloten...' De bruinhemden van de SA zijn ook een synecdoche, gezien we naar de hele organisatie verwijzen met enkel het deel van hun uniform.

Metonymy

Metonymy is een vervanging van een naam, maar niet zozeer als vergelijking of betekenisvolle uitdruk. Meer, omdat het gewoon leuk klinkt. Als de overheid een besluit neemt, wordt gezegd dat Den Haag iets heeft besloten. Dat klopt letterlijk genomen niet, maar iedereen begrijpt dat Den Haag verwijst naar de regering die gezeten is in Den Haag. Het Pentagon, het Witte Huis, zijn soortgelijke voorbeelden.

Antonomasia.

Het geven van een bijnaam die wordt gebruikt in plaats van de echte naam. Michael Jackson is de 'King of Pop'. Madonna, de 'Queen of Pop'. William Shakespeare wordt door sommigen 'The Bard' genoemd. Aristoteles is 'de filosoof'. Het zijn vaak lovende benoemingen, maar niet per definitie. Het geeft een zekere elegantie aan je speech.

Een vergelijking maken

Veel speeches maken gebruik van vergelijkingen. Een vergelijking zorgt ervoor dat mensen alle connecties die ze met het ene woord hebben, verbinden met de connecties die ze bij het andere woord hebben. Vergelijkingen kunnen helpen om je punt duidelijker uit te leggen, of om aan te geven hoe je ergens over denkt.

Metaphoren

"Het belangrijkste is verreweg een meester in metaforen te zijn; het is het enige dat niet van anderen kan worden geleerd; en het is ook een teken van genialiteit, aangezien een goede metafoor een intuïtieve perceptie impliceert van de overeenkomst in het ongelijksoortige."

"The greatest thing by far is to be a master of metaphor; it is the one thing that cannot be learnt from others; and it is also a sign of genius, since a good metaphor implies an intuitive perception of the similarity in the dissimilar."

— Aristoteles

De metafoor is een subtiele vergelijking. We vissen voor complimentjes. We zijn natuurlijk niet echt aan het vissen, maar het punt dat men ermee wil maken is direct duidelijk. Een goede metafoor bedenken is moeilijk. Sommige metaforen maken je speech enkel gecompliceerder en leiden af. Andere zijn zo oud, en zo uitgekauwd, dat het saai en inspiratieloos is. Een metafoor is een krachtig instrument, maar neem je tijd ervoor om iets goeds te bedenken. De 'uil van Minerva' was een metafoor die ongepast was en afleidde.

"Methaforen zoals andere dingen kunnen ongepast zijn. Sommige zijn zo omdat ze belachelijk zijn; ze worden inderdaad gebruikt door zowel komische als tragische dichters. Anderen zijn te groots en theatraal; en deze kunnen, als ze vergezocht zijn, ook onduidelijk zijn. Al deze uitdrukkingen zijn om de opgegeven redenen niet in staat de lezer mee te nemen."

"Methaphores like other things may be inappropriate. Some are so because they are ridiculous; they are indeed used by comic as well as tragic poets. Others are too grand and theatrical; and these, if they are far-fetched, may also be obscure. All these expressions fail, for the reasons given, to carry the reader with them."

----Aristoteles

Simile

Een standaardvergelijking. De vergelijking die 'als' en 'dan' gebruikt. Je bent net zo welbesproken als Socrates. Het is een simpele vergelijking om toe te voegen aan je speech, maar ook minder indrukwekkend, en soms vaag als er geen toelichting volgt.

Analoog

Een analoog is een vergelijking met 'zoals', gevolgd door een beschrijving van de overeenkomst. Je bent zoals Socrates; een idioot die gelooft dat zijn vervelende vragen hem in een genie veranderen. Op deze manier kun je bepaalde kenmerken accentueren, en de vergelijking verduidelijken. Je voorkomt hiermee dat mensen aan andere kenmerken van het vergelijkend voorwerp denken. Soms is een simile voldoende, soms is een analoog helderder.

Antithesis

De antithesis bestaat uit twee tegenovergestelde stellingen. Een vergelijking zorgt voor meer nadruk op het punt dat je wilt maken. Een voorbeeld zijn de woorden van Neil Armstrong toen hij de maan opstapte, 'one small step for me, one giant leap for mankind.' Een kleine stap voor mij, maar een grote stap voor de mensheid. Het klinkt sterker dan te zeggen 'Wow, what a giant leap for mankind!'

Appositio

De apposition zet de woorden, of groep van woorden, naast elkaar. Je kan daarmee nonchalant een extra beschrijving geven, die vloeiend deel is van de zin. In de zin 'Napoleon, een briljante generaal, won de slag bij Dresden'. Laat zien dat je, waarschijnlijk, gelooft dat de reden de slag bij Dresden gewonnen is, komt doordat Napoleon zo'n briljante generaal is. Je stelt het zijn van een briljante generaal niet ter discussie.

Paradox

Een ogenschijnlijke tegenstelling. Een stijlfiguur. Twee zaken die op het eerste gezicht eigenlijk niet kunnen, maar op de een of andere manier toch ook weer wel. In de realiteit wordt het gebruikt om een punt te maken, ofwel grappig, ofwel wat diepgaander. Beroemd is het voorbeeld uit Orwell's 'Animal Farm'. Alle dieren zijn gelijk, maar sommige dieren zijn nog iets gelijker. Het gaat natuurlijk iets verder dan een enkel 'ogenschijnlijke' tegenstelling. Het punt is juist, dat dus niet alle dieren gelijk zijn, alhoewel dat wel beweerd wordt door de partijleiding. En door dat punt op deze manier aan te kaarten, daardoor is de paradox zo'n krachtig retorisch hulpmiddel.

Andere voorbeelden zijn;
'Er is maar een regel, er zijn geen regels'.
'Om naar voren te gaan, moet je soms eerst een stap

terug zetten.'
'Ik haat dat ik van je houd.'
'Om het onmogelijke, mogelijk te maken.'
'Alles wat ik weet, is dat ik niks weet.'

Een paradox is makkelijk te implenteren in geschreven tekst, en zijn vaker te vinden in boeken dan in speeches. In een speech loop je het risico dat mensen te lang moeten nadenken over de paradox, en daardoor de draad van het verhaal kwijt raken.

Oxymoron

Een oxymoron is vergelijkbaar met de paradox, maar bestaat uit slechts twee woorden, in plaats van twee zinsdelen. Neem bijvoorbeeld een 'kleine massa mensen', een massa is per definitie niet klein. Of het is je 'enige keus'. Als het je enige keus is, het je dus juist helemaal geen keus. Je kan online zoeken naar een bekende oxymoron, of met genoeg creativiteit zelf iets bedenken.

Allusion

Een allusie, of verwijzing naar een deel geschiedenis, naar mythologie, of naar pop cultuur. Je verwijst naar iets, waar je van verwacht dat mensen het kennen. Bekende Bijbelse verhalen worden vaak gebruikt, zoals de steden van Sodom en Gomorrah, of de goede Samaritaan. Mensen hoeven bij bekendere verwijzingen het daadwerkelijke verhaal niet altijd te kennen, om te begrijpen wat de verwijzing betekent. Bekende literatuur is ook zeer geschikt, of welbekende hoofdstukken uit de geschiedenis. Sommige verwijzingen kun je heel kort toelichten om te verduidelijken, maar er is altijd een risico dat veel mensen de verwijzing niet begrijpen. Iets om voor op te passen. Als je iemand een Judas noemt, begrijpt iedereen wat je bedoelt.

In het boek Moby Dick heette het schip de 'Pequod'. Dat was een allusie naar het indianenvolk de Pequot, die bijna werden uitgeroeid tijdens een bloedige oorlog met de Europeanen. De verwijzing werkte wellicht in de tijd dat het boek nieuw was, maar gaat bij moderne lezers verloren. Je bent qua allusies beperkt tot wat het publiek al weet en waar het mee bekend is.

Hyperbool

Een hyperbool is een overdreven vergelijking. Beweren dat iemand zo oud is als Methusalem is niet slechts een vergelijking, maar ook een reusachtige overdrijving. Methusalem, zo wordt beweerd, werd bijna duizend jaar oud. Geen enkel normaal mens bereikt zo'n leeftijd. (In het geval van bijvoorbeeld een duizend jaar oude boom, zou deze uitdruk dus geen hyperbool zijn.)

We zien in dit voorbeeld ook een combinatie met de allusie, gezien de verwijzing naar de Bijbelse persoon van Methusalem. Veel van deze retorische hulpmiddelen zijn prima met elkaar te combineren.

Antiphrasis

De antiphrasis is een woord of zin met de tegenovergestelde betekenis van wat je eigenlijk denkt en wilt zeggen. Het is vergelijkbaar met een sarcastische opmerking, maar hoeft niet met overdreven sarcasme gesproken te worden. Voor je publiek en aanhang, zal er geen twijfel zijn dat je het niet meent.

Anthimeria

Het veranderen van de vorm van een woord. Google is de naam van een zoekmachine, maar is tegenwoordig ook een werkwoord dat betekent dat je iets opzoekt op het internet, hoogstwaarschijnlijk via de zoekmachine Google. Van zelfstandig naamwoord, naar werkwoord. We kunnen in het Nederlands van veel woorden een bijvoeglijk naamwoord maken door de suffix 'achtig' achter het woord te plaatsen. Een piraat ziet er bijvoorbeeld piraatachtig uit. Je kan het onbeperkt gebruiken. Het hoeven geen woorden te zijn die in het woordenboek staan.

Adynaton

De adynaton is een vergelijking met iets dat onmogelijk is. Wanneer Pasen en Pinksteren op dezelfde dag vallen. Het is per definitie van deze feestdagen onmogelijk dat ze ooit op dezelfde dag vallen. Een bekend Bijbels voorbeeld is 'Het is makkelijker voor een kameel om door het oog van een naald te gaan, dan voor een rijke om het koninkrijk van God te betreden.' Mattheus 19:24.

Antanagoge

De antanagoge combineert een negatieve situatie met een positievere blik. Ik moest rennen om de bus te halen, dus mijn dag begon met een kleine work-out. Je kan zo nonchalant klagen over iets negatiefs, zonder de stemming te bederven, en er heel casual en ontspannen mee om te gaan.

Een andere vertaling van antanagoge is dat, wanneer je de aanval van je tegenstander niet kan beantwoorden, zelf een counter maakt. Je kan hierbij denken aan je tegenstander die aanhaalt dat je je bus bijna gemist hebt, en dus niet te vertrouwen bent om punctueel te zijn, beantwoordt met 'Ik begon mijn dag met een kleine hardloop sessie, ik blijf graag gezond.'

De tekst mooier maken

Als mensen aan retoriek denken, denken ze vaak aan lege hulpmiddelen. Mooie woorden, maar zonder inhoud. Zoals dit boek ook duidelijk maakt, is de inhoud juist het belangrijkste onderdeel van retoriek. Desondanks moet de inhoud ook overgebracht worden, en ja, daarvoor zijn er ook een aantal retorische hulpmiddelen die helpen om onze woorden kracht bij te zetten. Het is geen vervanging van de inhoud, het versterkt de inhoud juist.

De hulpmiddelen zorgen ervoor dat je speech herinnerd wordt. Een zin die goed klinkt, zorgt voor een memorabele zin. De beroemdste quotes ter wereld, de quotes die onze geschiedenis vormen, maken vrijwel allemaal gebruik van zulke stijlmiddelen. Ze kunnen ook helpen voor de 'flow' van je speech, een ondersteuning van de structuur, en de lijm die je speech bij elkaar houdt. Daarbij is het voor het publiek makkelijker om je te volgen, en om je standpunten te begrijpen. Ze maken je speech levendiger, en binden het publiek.

''De ziel denkt nooit zonder een mentaal beeld.''

"The soul never thinks without a mental picture."

— Aristoteles

Assonance

Een combinatie van woorden met een gelijk-klinkende klinker. Anders gezegd, rijmwoorden. Het gaat hier niet om een Sinterklaasgedicht, maar een rijm kan zelfs in rechtszaken de besluitvorming sturen.

In de O.J. Simpson rechtzaak, waarbij een handschoen een belangrijk bewijsstuk vormde, kwam de verdediging met de uitspraak 'If it doesn't fit, you must acquit.' Als de handschoen niet past, moet je hem onschuldig verklaren. Het 'fit' rijmt met 'acquit' en het werd de kenmerkende uitspraak van de hele rechtzaak, die eindigde met... juist, vrijspraak. Simpson ging later nog wel de gevangenis in voor een ongerelateerde misdaad.

Anaphora, epiphora, en symploce

De herhaling van het openingssalvo van een zin. De eerste paar, meestal twee of drie, woorden van een zin vormen het begin van meerdere op elkaar volgende zinnen.

In zijn 'Tale of Two Cities' gebruikt Charles Dickens de zin "It was the best of times, it was the worst of times." Een memorabele zin die twee keer begint met "It was the ..." Het is makkelijk om de anaphora te gebruiken met uitspraken als "In elke...", "We gaan (niet) ..." of soortgelijke uitdrukkingen.

147

Doe je het aan het einde van de zin? Dan heet het een epiphora. Als je een anaphora en een epiphora in dezelfde zin gebruikt, zoals Charles Dickens in dit voorbeeld deed, heb je een symploce.

Paralellism

Een soortgelijk gestructureerde zin, waarbij de structuur van de zin zich herhaalt. Dit is vergelijkbaar met een symploce, maar geeft meer vrijheid. Je kan namelijk meer variatie aanbrengen in de woorden die je gebruikt, zolang je erop let dat de structuur hetzelfde blijft. Variaties op paralellism zie je terug bij de asyndeton, antithesis, epistrophe en symploce.

Chiasmus en antimetabool

In een chiasmus inverteert de zin zich. De letter 'Chi' vormt een kruis in het Griekse alfabet, geschreven als een 'X'. Bij een chiasmus ontstaat ook een soort kruis. Een voorbeeld:

"Denkend aan de dood kan ik niet slapen,
En niet slapend denk ik aan de dood."

Dood en slapen zijn de woorden die terugkomen, maar op tegenovergestelde plaats in de zin. Je vormt dus een 'X' als je 'dood' met 'dood' verbindt, en 'slapen' met 'slapend' verbindt.

"Ik wil niet leven om te eten, ik wil eten om te leven." Technisch gezien is dit naast een chiasmus zelfs een antimetabool, bij een chiasmus gaat het om een terugkerende structuur van de zin, zonder dat de woorden hetzelfde moeten zijn. Het verschil te weten is niet zo belangrijk, zolang de structuur en het idee duidelijk zijn.

Alliteration

De alliteratie is vrij bekend. De beginletter van het woord herhaalt zich. "Líesje léerde Lótje lópen lángs de lánge Líndelaan." Een alliteratie kan een zin samenbinden en een punt kracht bij zetten.

Zeugma

Zeugma is grieks voor 'verbinding'. Het is een grammaticaal onjuiste verbinding tussen twee zins delen, waarbij een deel niet herhaald wordt dat eigenlijk wel herhaald zou moeten worden. "Ik nam een besluit en zij de benen." Een besluit nemen, en de benen nemen, zijn verschillende uitdrukkingen. Grammaticaal correct zou het zijn "Ik nam een besluit, en zij nam de benen."

Personificatie of antropomorphisme

Antropomorphisme is de personificatie van dieren, of objecten, naar mensen. Ze tonen menselijk gedrag, eigenschappen, en emoties. Een beroemd voorbeeld is Orwell's 'Animal Farm'. Het past vaak beter

149

in de literatuur, dan in een speech. Afhankelijk van het onderwerp van de speech, kan het een nuttig hulpmiddel zijn, bijvoorbeeld als het onderwerp iets met dieren te maken heeft en je op deze manier een punt kunt maken.

Anadiplosis

Het laatste woord van de eerste zin, wordt herhaal als het eerste woord van de tweede zin. Een voorbeeld zou zijn "Angst leidt tot woede. Woede leidt tot haat. Haat leidt tot lijden." Het is een vorm van herhaling die goed helpt om je speech aan elkaar te koppelen.

Onomotopoeia

Onomotopoeia is een klanknabootsing, woorden als 'piepen', 'sissen', of 'zoemen' zijn voorbeelden. Het kan een tekst wat tot leven brengen.

Sententia

Het gebruik van een bekend wijs gezegde of wijze uitspraak in je speech, vaak als afsluiting. Het moet een gezegde zijn dat iedereen kent en als wijze waarheid accepteert. Zo ontstaat er het idee dat jij intelligent bent. En dat je speech dat ook was. Als je een gezegde uit de Bijbel haalt, doe het dan alleen als je publiek Christelijk is. Maar, luister naar Aristoteles, deze methode past beter bij mensen die zelf al wat ouder zijn. Bij jongeren komt het sneller pretentieus over.

''Het is ongepast voor jonge mannen om stelregels uit
te spreken.''

"It is unbecoming for young men to utter maxims."

— Aristoteles

Nadruk leggen

Hoe vaak gebeurt het niet dat je naar iemand hebt zitten luisteren, en je dan afvraagt wat nou eigenlijk het punt was dat hij probeerde te maken? Ze praten, en praten, en praten, terwijl het publiek aandachtig luistert om te ontdekken wat nou de kern van het verhaal is. Sommige sprekers bazelen, en dwalen af, en het publiek haakt af. Ook als de speech misschien wel een goede structuur heeft, is het zonder nadruk te leggen op de belangrijke punten, niet altijd makkelijk voor het publiek om deze punten te ontdekken.

Sprekers overschatten vaak hoe makkelijk het is om naar een speech te luisteren en totaal te begrijpen welk punt er wordt gemaakt. Het is vanzelfsprekend voor jou als spreker wat je wilt zeggen, maar voor je publiek is het waarschijnlijk iets nieuws. Zorg ervoor dat het makkelijk is om te volgen. Je publiek wil geen maximale inspanning leveren om te begrijpen wat je zegt.

Waar moet je de nadruk leggen? Wat is het doel van je speech? Wat wil je bereiken? Wat is je grote idee? Wat zijn je belangrijke argumenten? Wat is het belangrijkste deel van elke zin die je uitspreekt? Als er niks belangrijks in een zin zit, dat nadruk nodig heeft, kun je de zin dan niet schrappen? Nadruk leggen kunnen we doen door middel van onze toon, hoe hard we praten, of juist hoe zacht, we kunnen woorden rekken, we kunnen iets herhalen, en we kunnen onze lichaamstaal gebruiken. Daarbij zijn er natuurlijk meerdere retorische hulpmiddelen, die gebruikt kunnen worden om nadruk te leggen op iets.

Scesis Onomaton

Het werkt, het is effectief, en het zorgt voor resultaat. Drie keer zeggen we hetzelfde, enkel in iets andere woorden. Altijd drie keer, niet meer en niet minder.

Epanalepsis

Gerechtigheid, ik wil enkel gerechtigheid. We beginnen met een woord dat we later in de zin nog een keer herhalen. Het is overduidelijk dat gerechtigheid belangrijk is voor de spreker.

Diacope

Hetzelfde als de epanalepsis hierboven, maar in plaats van een woord herhalen we een zinsdeel. "Blijf bij me, lieve lezers, blijf bij me."

Epizeuxis

Het herhalen van hetzelfde woord. Altijd drie keer. Het is opvallender dan de scesis onamaton, dus je kan het niet te vaak gebruiken in een speech. Herhaling, herhaling, herhaling. Dat is hoe je zorgt dat iets blijft hangen.

Expletive

"Het is natuurlijk zo dat..." "U moet begrijpen..." Het zijn zinsdelen die aandacht trekken naar wat gaat komen. Het is alsof je zegt "Let op! Hier komt mijn belangrijke punt!"

Asterismos

De asterismos neemt de expletive wat verder, en houdt in dat je letterlijk zegt "Let op!" voordat je je grote punt maakt. Het is minder subtiel, en of het past hangt af van de context.

Tmesis

Tmesis is het splitsen van een woord in het midden, om er een ander woord tussen te schuiven. Het is wat bekender in het Engels met termen als "un-fucking-believable", maar kan met wat creativiteit ook in het Nederlands worden toegepast.

Pleonasme

Een pleonasme is een combinatie van woorden waarbij een woord overbodig is, omdat het al duidelijk is uit de definitie van het andere woord. Bijvoorbeeld, 'witte sneeuw'. Sneeuw is altijd wit, dus 'wit' is overbodig. Overbodig ja, maar het voegt stijltechnisch soms wel wat toe. Een pleonasme gebruiken is prima, en soms wenselijk om een beeld te versterken, of nadruk te leggen op hoe wit de sneeuw wel niet is. De vergelijkbare tautologie is grammaticaal incorrect en dient meestal wel vermeden te worden.

Aposiopesis

Het afbreken van een zin in het midden, gevolgd door een kleine pauze, waarna je het onderwerp wisselt en verder gaat met een ander punt. Het is alsof je een 'Eureka!' moment had en precies op dat moment een idee krijgt. De pauze zorgt voor een kleine cliffhanger. Het kan ook worden gebruikt om een bedenking aan te geven over wat je wou gaan zeggen. "Ik moet jullie zeggen dat..." gevolgd door iets totaal anders na een korte pauze, laat zien dat je niet comfortabel bent met het uitspreken van je originele gedachte. "Ik moet jullie zeggen dat... Nee, nee, ik wil het eerst met jullie over iets anders hebben, namelijk..."

Vragen stellen

De retorische vraag is vaak het eerste wat mensen te binnen schiet als ze het woord 'retoriek' horen. We denken dan aan een vraag, waarbij men niet daadwerkelijk een antwoord verwacht. Soms klopt dat, maar het is geen perfecte definitie. Een retorische vraag kan meerdere doelen hebben, maar allemaal gericht op veranderen hoe mensen denken.

Hypophora

Bij een hypophora geeft de spreker zelf antwoord op zijn eigen vragen. Waarom is dat nuttig? Omdat je zo makkelijk je speech kan sturen, en duidelijk maakt op welke vragen jouw speech het antwoord is. Na je speech, denken mensen na over deze vragen, en jouw antwoord komt als eerste bij ze op. Het maakt het makkelijker voor ze om de kern van je verhaal te herinneren.

Aporia

De aporia. De spreker doet alsof hij onzeker is, zichzelf iets afvraagt. Om daarna, zoals bij de hypophora, het antwoord te geven. John F. Kennedy gebruikte het toen hij zich afvroeg "Waarom de maan? Waarom kiezen we dit als ons doel?" De nadruk hier ligt erop dat je door je twijfelachtig te tonen, laat zien dat je erkent dat het een bijzonder goede vraag is. Het antwoord erop heb je natuurlijk gewoon voorbereid.

Interregatio

Het verhoor. Het is effectiever om te vragen "Hoe gaan we dit betalen?" dan om te zeggen "Dit is heel duur, hier hebben we geen geld voor." Je legt de verantwoordelijkheid om een antwoord te geven terug bij je tegenstander, en je zet mensen aan het denken.

Antypophora

De antyphora is vergelijkbaar met de hypophora, maar heeft kortere, krachtigere antwoorden. Andere definities houden aan dat hypophora de vraag is, en de antypophora het antwoord.

Anacoenosis

Een vraag stellen aan het publiek. Het aanwakkeren van de massa. Als de meerderheid het met je eens is, is dit een goede manier om emoties op te wekken. Pas op om dit te gebruiken bij een sterk gemixt, of zelfs vijandig publiek! Je wil geen gejoel uitnodigen. Voor de skeptische minderheid is de reactie van hun mede-publiek overtuigend. Een voorbeeld is de omstreden vraag van Wilders, waarop het antwoord "Minder, minder, minder!" volgde.

Een Lijst Toevoegen

Vaak willen we een lijst in onze speech hebben. Retorica toont ons meerdere mogelijkheden over hoe we dat kunnen doen.

Enumeratio

Enumeratio betekent dat we nummers toevoegen aan de punten in onze lijst. Normaal gesproken moet je zorgen dat je drie punten hebt, alhoewel je soms ook voor vijf, of nog meer, kan gaan. Met drie punten begin je met "Ten eerste...'", "Ten tweede...", en "Ten derde...". Je separeert zo duidelijk de verschillende punten die je hebt, met kleine pauzes ertussen. Overal een nummer voor zetten, toont ook dat het stuk voor stuk belangrijke punten zijn.

Cacophony

Een cacophony is vergelijkbaar met herrie die je op straat in een drukke stad hoort. Je rakelt een hele lijst aan woorden en termen door, die een beeld van chaos schetsen. "Wat gebeurt er bij de belastingdienst? Toeslagenaffaires, klokkenluiders, ontslagen, verdwenen bonnetjes, geheimzinngheid, gebrek aan verantwoording." Je zorgt voor een lange lijst om het met chaos te verbinden. Het tegenovergestelde zou zijn een euphony, wat melodieus klinkt.

Polysyndeton

Een opsomming van dingen waar je overall 'en' tussen zegt. "We hebben koekjes, en ijs, en chocolade, en lolly's, en, en, en, en..." Door overal 'en' tussen te zeggen benadruk je hoeveel er wel niet is, en laat je je lijst langer klinken.

Asyndeton

Het verwijderen van het woord 'en' zorgt daarentegen voor een soepelere lijst. Caesar zei dan ook 'Veni, vidi, vici' en niet 'Veni, et vidi, et vici'. Het toont de samenhang tussen de verschillende delen van je lijst, die eigenlijk een en hetzelfde zijn.

Begin altijd met de vraag; wat is het doel van de lijst, van de opsomming? Dan, kies de retorische strategie die daar het beste bij past.

Een Grap maken

"Het geheim voor humor is verrassing."

"The secret to humor is surprise."

— Aristoteles

Humor can een sterk wapen zijn. Het roept emoties op en zorgt ervoor dat er bepaalde hormonen vrij komen in het publiek, die door hun hersenen stromen. Studies hebben humor gekoppeld aan een toename van endorphinen, een hormoon waarbij we ons gelukkig voelen. Daarbij verlaagt het cortisol, een stress hormoon. Als mensen gestressed zijn, staan ze minder open voor nieuwe informatie. Zorgen dat iedereen comfortabel is, en een open mindset heeft, is essentiëel voordat je je grote punten maakt. Een succesvolle grap zorgt ervoor dat iedereen ontspannen is.

Voor het geval het voor iemand niet duidelijk was; maak nooit sexistische of racistische grappen. Ook geen 'onschuldige' mop over een dom blondje. Laat die achter in de kroeg, of waar ze horen, in de vorige eeuw. Daar bovenop is het gebruik van humor geen reden om te gaan schelden of vloeken. Hou het netjes. Het moet allemaal passen bij je decorum.

"Komedie heeft geen geschiedenis gehad, omdat het aanvankelijk niet serieus werd behandeld."

"Comedy has had no history, because it was not at first treated seriously."

— Aristoteles

Sarcasme

Iedereen kent sarcasme, je zegt iets dat je eigenlijk niet meent. Vaak gekoppeld met een overdrijving, en een specifieke toon. Sarcasme is iets dat bij je ethos moet passen, en vaak doet het dat niet, of slechts in uitzonderingsgevallen. Sarcasme gebruiken is niet moeilijk, maar het is wel moeilijk om te zien waar het passend is.

Ironie

Ironie is toch iets anders dan sarcasme. Er is geen ironische toon, enkel ironische situaties. Het is ironisch om een speech te geven over de gevaren van PowerPoint, en daarbij zelf een enorm saaie PowerPoint voorstelling te gebruiken. Het is ironisch dat Oedipus de moordenaar van zijn vader vervloekte, niet wetende dat hij zelf die moordenaar was. Je kunt ironische situaties prima beschrijven zonder sarcastische toon, de ironie blijft behouden. Het is een prima hulpmiddel om te duiden hoe zwakzinnig het is wat je tegenstander doet.

Satire

Satire gaat wat verder dan een enkele zin of paragraaf. Het kan een hele tekst zijn, een heel boek, of een hele aflevering van een serie of film. Het gebruikt sarcasme en ironie om iets of iemand te ridiculiseren. De satirist hoeft geen oplossing te geven, enkel problemen aan de kaak te stellen. Het is een machtig hulpmiddel om kritiek te geven waar het eigenlijk niet mag.

Satire wordt gebruikt door de buitenstaander, de persoon die ergens tegenaan kan trappen, zonder zelf verantwoordelijkheid te nemen.

Anecdotes

De grappige anecdote. Een kort verhaal van iets dat is gebeurd, zoals je op verjaardagen te horen krijgt van je grappige oom. Past overal en vrijwel altijd als opener.

Zelfspot

Een grapje over jezelf, een stukje zelfspot. Het kan leuk zijn, af en toe op een grappige wijze toe te geven dat je niet perfect bent. Maar daar moet het ook bij blijven. Niets is verschrikkelijker dan mensen die de hele tijd grappen over zichzelf maken. Het publiek denkt uiteindelijk dat je gewoon echt een uilskuiken bent dat niets kan. Gebruik het alleen voor iets sufs dat iedereen kan gebeuren, maar trek niet de aandacht naar je eigen falende karaktereigenschappen. Je bent geen clown.

Meiosis

Een sterk understatement. Van een catastrofe, maak je iets pietluttigs. Je arm eraf gehakt? Nee joh, het is maar een schrammetje. Voor de kenners; ja dat was een allusie aan Monty Python.

Risque

Risky, sexueel, innuendo. Het kan grappig zijn, maar publiekelijk gevaarlijk. In kleinere groepen van vertrouwelingen leuk, maar bij spreken voor de massa te vermijden. Er is altijd wel iemand die er niet tegen kan.

.

Zwarte humor

Humor over het leed van anderen. Zwarte humor is publiekelijk gevaarlijk. Het kan effectief zijn om iets verschrikkelijks wat minder erg te maken, en mensen af te leiden, maar het risico is groot dat er mensen boos worden. Beter om te beperken voor gebruik in kleine kring.

"Melancholische mannen, tussen alle anderen, zijn het grappigst."

"Melancholy men, of all others, are the most witty."

— Aristoteles

Grappige observaties over de huidige tijd

Vaak gepaard met ironie of sarcasme, zijn dit meestal de leukste grappen. Er is altijd wel iets gaande in de wereld waarover je een grap kan maken. Het kan ook een recente anecdote zijn, maar het kan ook een fictieve gebeurtenis zijn.

Conclusie

Gebruik nooit humor die niet past bij je ethos, gravtias, en decorum. Gebruik nooit humor waarbij je twijfelt of anderen de grap ook leuk vinden, of probeer hem eerst bij wat vrienden. Denk na welke soort humor passend is.

"Ook de goden houden van een grap."

"The gods too are fond of a joke."

— Aristoteles

10 DE VIJF CANONS VAN RETORIEK

Dan rest de vraag, hoe begin je nou eigenlijk met het schrijven van een speech? Daar hadden ze natuurlijk ook al een antwoord op, en het is Cicero die dat het beste toelicht met de vijf canons van retoriek.

"Voor van de drie elementen bij het maken van een speech - spreker, onderwerp en aangesproken persoon - is het de laatste, de toehoorder, die het einde en het doel van de toespraak bepaalt. "

"For of the three elements in speech-making – speaker, subject, and person addressed – it is the last one, the hearer, that determines the speech's end and object."

— Aristoteles

Voordat je aan een speech kunt beginnen, moet je je verdiepen in het publiek. Afhankelijk van het onderwerp van je speech, zijn andere aspecten relevant. Enkele vragen zijn vrijwel altijd handig, om je voor te bereiden op het publiek.

- o Wat weten ze al over het onderwerp?
- o Hoe kijken ze tegen het onderwerp? Zijn ze het met je eens, of niet?
- o Wat is hun culturele achtergrond?

- o Wat is de leeftijdsopbouw?
- o Is je publiek divers, of juist niet?
- o Komen ze speciaal voor jou? Of ben je slechts een onderdeel van het programma?
- o Welke onderwerpen zijn belangrijk voor je publiek?
- o Welke emoties heeft je publiek?
- o Welke waarden heeft je publiek?
- o Van welke organisatie zijn ze een onderdeel?
- o Wat verwachten ze van je speech?

De gouden combinatie ligt in een onderwerp waar je veel over weet, en waar de wereld iets over moet weten. Je publiek moet iets meekrijgen, iets nieuws, iets waar ze iets aan hebben.

"Waar de behoeften van de wereld en je talenten elkaar kruisen, daar ligt je roeping."

"Where the needs of the world and your talents cross, there lies your vocation."

— Aristoteles

De vijf canons van de retoriek zijn in het Latijn:

I.   Inventio
II. Dispositio
III. Elocutio
IV. Memoria
V.   Actio

Uitvinding (Inventio)

Wat wil je zeggen? Welke standpunten wil je bespreken? Wat is je grote punt? Brainstorm niet alleen je overkoepelende thema, maar ook hoe je mensen ervan wilt overtuigen. Welke argumenten heb je daarvoor. Wat voor verhaal kun je eraan toevoegen? In deze stap richt je je op de hele inhoud, en het is makkelijker om later iets weg te snijden dan om nog wat toe te voegen. Denk eraan, het gaat hier om het publiek. Wat is hun reden dat ze naar jou willen luisteren? Welke informatie hebben zij nodig? Welke invloed wil je hebben? Wat wil je bereiken?

Het is ook in deze fase dat je onderzoek moet doen. Je verzamelt je data, je bewijs, je leest je in in het onderwerp. In sommige gevallen ben je hier al jaren of decennia mee bezig, maar het helpt vaak om voor de specifieke speech nogmaals door de bronnen heen te gaan. Zorg ervoor dat je goede bronnen hebt, die je duidelijk kunt communiceren. Een boek is een betere bron dan een blogpost. Een wetenschappelijk artikel is een betere bron dan een Facebook reactie.

"Retoriek kan worden gedefinieerd als het vermogen om in een bepaald geval de beschikbare overtuigingsmiddelen te observeren."

"Rhetoric may be defined as the faculty of observing in any given case the available means of persuasion."

--- Aristoteles

Wat wil je bereiken? Met die vraag moet je beginnen. Hoe ziet succes eruit? Wanneer kun je zeggen dat je tevreden bent met het resultaat van je speech? Moeten ze iets geleerd hebben? Moeten ze iets doen? Pas als je dat weet, kun je de rest daarom heen bouwen. Te vaak geven mensen een speech uit ijdelheid, ze willen gewoon graag iets te zeggen hebben voor een groot publiek. Ze willen mensen een blik geven in hun gedachten. Zulke speeches zijn saai, en een tijdverspilling voor iedereen die er deel aan neemt.

"Als een man niet weet naar welke haven hij vaart, is er geen gunstige wind."

"If a man knows not to which port he sails, no wind is favorable."

— Seneca

Nu moet je hier niet bang worden en denken dat je niks interessants te vertellen hebt. Zolang een speech passend is bij het publiek, en je er een leuke wending aan kan geven, voldoet het. En ja, er zijn ook andere experts, die misschien meer over het onderwerp weten, maar dat betekent niet dat jij er niet over mag praten. Misschien kun jij het punt wel veel beter uitleggen. Daarbij, jij weet meer over het onderwerp dan het publiek. Een uitnodiging om een speech te geven, duidt er al op dat mensen interesse hebben in wat je te zeggen hebt.

Mocht je echter echt geen expertise hebben over het onderwerp, wat soms het geval is als de organisatie de verkeerde personen uitnodigt, is het beter om de uitnodiging af te slaan. Doe dit niet te snel, en denk eerst na of je niet een invalshoek kunt bedenken die voor jou werkt.

Rangschikking (Dispositio)

Nadat je weet wat je allemaal wilt zeggen, moet je kijken waar je mee begint, wat er in het midden komt, en waar je mee eindigt. Begin met het versterken van je ethos. Trek dan de emotie mee met een stuk pathos. Kop hem in met je logos. Vat het nog een keer samen in je conclusie, en sluit af met een duidelijke climax.

Zorg voor een 'flow' in je verhaal, waarbij de verschillende segmenten soepel in elkaar overstromen. Als opening zijn er een paar standaard mogelijkheden. Je wilt interesse wekken in je verhaal, en duidelijk maken waar het om gaat. Veelgebruikte opties zijn:

1. Openen met een vraag.
2. Uitleggen wat de verkeerde opvatting is die in de samenleving bestaat, en die jij gaat weerleggen.
3. Openen met een verhaal, waarbij aan het einde van het verhaal duidelijk moet zijn waar het om gaat.

Maar wat komt er na je opening? Dit past alles binnen de rangschikking, waar de voorgestelde delen zijn (met de vertaling in het Latijn erbij):

I. Introductie (exordium)
II. Beschrijving van de situatie en feiten (narratio)
III. Argument (confirmatio)
IV. Tegenargument (refutatio)
V. Slotwoord (conclusio, of peroratio)

Deze rangorde past vooral goed bij een rechtzaak, en kan bij andere vorm afwijken. Het is in geen geval een 'must have' om de precieze structuur te volgen. Hoe dan ook is het voor veel situaties een nuttige standaard rangschikking.

Voor de introductie is het belangrijk de aandacht te grijpen, zoals hierboven beschreven. Bij het tweede punt beschrijf je de situatie. Wat is er aan de hand. Wat zijn de feiten, wat is het probleem? Je volgt het op met je eigen argumenten, en een reactie op de gegeven, of verwachte, tegenargumenten. Uiteindelijk vat je alles nog eens samen, en probeer je met een climax te eindigen.

Nogmaals, de structuur is gemaakt door Cicero, die zelf advocaat was. Het is daarom dat de structuur vooral voor zijn situatie passend is.

"We moeten iets zeggen voordat we de zaak behandelen, dan de zaak uiteenzetten, daarna bewijzen door onze eigen argumenten vast te stellen en die van onze tegenstanders te weerleggen, dan onze toespraak afronden en zo een einde maken."

"We should say something before addressing the case, then set forth the case, after that prove it by establishing our own arguments and refuting those of our opponents, then conclude our speech and so bring to an end."

--- Cicero

Stijl (Elocutio)

Hier is je gravitas en decorum belangrijk. Welke stijl is passend voor je thema en je publiek? Wat voor woorden gebruik je. Wat voor humor gebruik je. Is je beroep op emotie passend, of te overdreven? Of misschien juist niet sterk genoeg?

"Duidelijkheid wordt verzekerd door de woorden (zowel zelfstandige naamwoorden als werkwoorden) te gebruiken die actueel en gewoon zijn."

"Clearness is secured by using the words (nouns and verbs alike) that are current and ordinary."

---Aristoteles

Alhoewel je stijl moet afhangen van je publiek, moet het wel passen bij je eigen persoonlijke stijl. Het moet authentiek zijn. Er is geen ultieme stijl die beter is dan alle anderen, maar er zijn wel enkele standaardpunten om op te achten. Een goed gebruik van de Nederlandse taal, duidelijkheid, onderscheidend en opmerkelijk zijn, en geschikt en passend voor het publiek en de situatie.

De juiste woordkeus en grammatica zorgt voor een goed gebruik van de Nederlandse taal. Duidelijkheid creëer je door middel van een duidelijke structuur en uitleg, laat moeilijke woorden of zinnen die het te gecompliceerd maken weg. Onderscheidend en opmerkelijk, daar komen de stijlfiguren zoals metaforen, en andere retorische hulpmiddelen van pas. Als laatste, zoals beschreven, overweeg je publiek en je eigen persoonlijkheid.

Geheugen (Memoria)

Vroeger was het moeilijker, sprekers moesten alles uit hun geheugen trekken. Tegenwoordig hebben we hulpmiddelen. Ik ben een voorstander van PowerPoint, zolang het goed gebruikt wordt. Het is een extra visuele stimulus voor mensen om hun aandacht op te richten, en de structuur van je verhaal te volgen. Geef elk segment van je verhaal een slide, met of een enkel woord, of een foto. Niet meer dan dat. Een foto is beter, maar bij sommige onderwerpen is een herhaling van het woord passend. Zo heeft je publiek een extra beeld, wat helpt bij de herinnering, en jij hebt een leidraad om door je verhaal te komen.

Leer je speech niet woord voor woord van buiten, hoogstens de one-liners. Deel je speech op in segmenten, ongeacht of je PowerPoint gebruikt of niet. Zo niet, dan is de oude retorische truc om een huis voor te stellen, met meerdere kamers, en in elke kamer staat een object dat een verwijzing is naar dat segment van je speech. Tijdens je speech loop je door de kamers van dat huis.

Een voorgelezen speech, of het van een stuk papier, van een PowerPoint, of van een beeldscherm dat voor je staat, is nooit zo sterk als die had kunnen zijn. Je kan gelimiteerd oogcontact maken, en je verliest je natuurlijke energie en passie.

Uitvoering (Actio)

Toen men Demosthenes, een bekende orator, vroeg wat de drie belangrijkste punten waren voor een speech, was zijn antwoord eenduidig. Uitvoering, uitvoering, uitvoering.

"Een middelmatige toespraak die wordt ondersteund door alle kracht van overlevering, zal indrukwekkender zijn dan de beste toespraak die niet wordt begeleid door een dergelijke kracht."

"A mediocre speech supported by all the power of delivery will be more impressive than the best speech unaccompanied by such power."

— Quintilian

Zorg ervoor dat je niet monotoon spreekt. Articuleer duidelijk. Slik woorden niet in, maar overdrijf ook niet met een bombastische speech waar je elk woord met overdreven kracht uitspreekt.

Sta af en toe een pauze toe, een korte stilte, die je niet opvult met 'umm'. Toon je passie en energie, en let op je lichaamstaal. Hier draait het om je gravitas, je passie, je decorum. Kun je de emoties van het publiek aanwakkeren? Sta je er zelfverzekerd en met een gevoel van autoriteit? Dit is het ultieme moment, waar alle voorbereiding naartoe heeft geleid.

''Geluk is wat er gebeurt als voorbereiding en kansen elkaar ontmoeten.''

''Luck is what happens when preparation meets opportunity.''

— Seneca

Omgaan met de angst

De uitvoering is ook waar de meeste mensen angst hebben. Er zijn geen shortcuts om deze angst tegen te gaan. Het is normaal om nerveus te zijn. We stellen ons kwetsbaar op. Niemand kent deze angst niet. Het gaat er ook niet om, om geen angst te voelen. Enkel, om de angst te controleren. Gezonde spanning is, zoals de naam al zegt, gezond. De beste manier om je angst onder controle te krijgen, is door te oefenen. Oefen eerst voor de spiegel, voor kleine groepen, en grotere groepen. Vraag feedback, en vraag anderen wat hen opvalt aan je presentatie. Dat is iets waarbij ik je door middel van dit boek niet direct kan helpen, ik kan je zenuwtrek niet zien. Wat ik wel kan zeggen is dat een goede voorbereiding veel angst zal wegnemen. Want een goede voorbereiding zorgt voor meer zelfvertrouwen. En zoals ze zeggen, een goed begin, is het halve werk. En daar helpt dit boek hopelijk, bij een goede voorbereiding.

"Als je geen vertrouwen in jezelf hebt, word je twee keer verslagen in de race van het leven. Met vertrouwen heb je al gewonnen voordat je begonnen bent."

"If you have no confidence in self, you are twice defeated in the race of life. With confidence, you have won even before you have started."

— Marcus Tullius Cicero

Omgaan met vragen achteraf

Aan het einde, of tijdens, je presentatie gaan mensen vragen stellen. Aan jou. Sommige zullen simpel zijn, anderen wat moeilijker. Hoe ga je er mee om?

Zorg eerst dat je kennis dieper gaat dan wat je in je presentatie zelf deelt. Je kan sowieso nooit alles zeggen tijdens je spreektijd, die normaal gesproken beperkt is. Deze extra kennis is waaruit je moet putten tijdens de vragenronde. Dat toont je diepgang, je expertise.

Bedenk vooraf wat voor vragen kunnen komen, en bereid je daar op voor. Er zijn misschien enkele stukken waar je tijdens je presentatie niet op in kan gaan, omdat het niet binnen je 'flow' past. Of, omdat ze net wat te ver weg staan van het punt dat je wilt maken.

Reageer rustig, en leg iets nog een keer duidelijk uit. Vraag of de vragensteller het begrepen heeft. Wees duidelijk in je antwoord. Niets is zo suf als een vraag stellen, en een antwoord krijgen waar je niks mee kan.

Weet je het eigenlijk niet? Je mag best toegeven dat een vraag buiten je expertise valt, en je wel een gokje kan doen, maar er weinig over kan zeggen. In kleinere groepen kun je de vraag soms terug het publiek in sturen, om te kijken of er iemand anders iets zinnigs over kan zeggen. Je kunt ook toegeven dat je bepaalde kennis niet paraat hebt, maar het graag nog eens opzoekt en er morgen, of via e-mail op terug komt. Is het antwoord gecompliceerd en lang? Bied dan aan dat de vragensteller achteraf nog even langs komt voor een individueel gesprek, waar jullie wat dieper op de stof in kunnen gaan. Als je een vraag niet begrijpt, vraag om verduidelijking. Is het nog steeds onduidelijk, herhaal de vraag dan in je eigen woorden, en beantwoordt die vraag die je net zelf hebt geformuleerd. Soms heb je nou eenmaal mensen in het publiek die rare, vage, of domme, vragen stellen. Soms zal je antwoord op een vraag een tegenvraag zijn.

Blijf bij je antwoorden altijd gericht op het beantwoorden van de vraag. Draai er niet om heen, dwaal niet af, maar behoud de focus.

"Je geest zal de meeste vragen beantwoorden als je leert te ontspannen en op het antwoord te wachten."

"Your mind will answer most questions if you learn to relax and wait for the answer."

--- William S. Burroughs

11 DE DRIE DIVISIES

Volgens Aristoteles zijn er drie divisies waarin men een speech kan geven. Het is ofwel politiek, gerechtelijk, of ceremonieel. Politieke speeches gaan erom of we iets wel of niet moeten doen. Gerechtelijke speeches, zoals in de rechtbank, verdedigen iemand of vallen iemand aan, gebaseerd op wat iemand wel of niet gedaan heeft. Bij de ceremonie wordt iemand geprezen, of figuurlijk afgebrand. De politieke speech is dus altijd gericht op de toekomst, de juridische op het verleden, en de ceremonie op het heden, alhoewel deze vorm verwijzingen kan hebben naar het verleden en de toekomst. Een ceremonie is bijvoorbeeld een begrafenis, of herdenking.

Het primaire doel bij een politieke speech is om te bewijzen of iets wel of niet goed is om te doen. Bij een juridische, of de wet wel of niet gebroken is, en bij een ceremonie draait het erom iemand te eren of juist niet. Alle andere doelen of overwegingen zijn ondergeschickt aan het primaire doel van elke divisie.

Een politieke speech gaat over een beslissing die moet worden genomen. Wat is goed voor het land? Wat is goed voor het volk? Is het mogelijk? Kunnen we het betalen? Is het doel haalbaar? Is de uitkomst waarschijnlijk? Het gaat om een gewenste uitkomst, en een waarschijnlijke uitkomst.

Een juridische speech draait om de bewijzen. Kunnen we bewijzen dat iets gebeurd is? Is het mogelijk om zo'n misdaad te plegen? Is er een motief? Zijn er getuigen? Ander bewijs? En is het bewijs en het motief overtuigend genoeg. Een juridische speech hoeft niet plaats te vinden in een rechtbank. Ook in het publieke level begaan mensen 'misdaden' die de ongeschreven morele regels van de samenleving breken. De methode blijft echter hetzelfde, enkel de wet wordt vervangen door normen en waarden.

Bij een ceremonie wordt iemand geloofd, de hemel in geprezen, of juist het tegenovergestelde. Welke kwaliteiten heeft deze persoon? Waarom is de persoon zo bijzonder? Waarom verdient de persoon al ons respect? Of waarom juist niet?

"We moeten ook rekening houden met de aard van ons specifieke publiek wanneer we een lovende toespraak houden; want, zoals Socrates dat vroeger zei, 'het is niet moeilijk om de Atheners te prijzen bij een Atheens publiek.' Als het publiek een bepaalde kwaliteit waardeert, moeten we zeggen dat onze held die kwaliteit heeft, of we ons nu tot Scythen, Spartanen of filosofen richten."

"We must also take into account the nature of our particular audience when making a speech of praise; for, as Socrates used to say, 'it is not difficult to praise the Athenians to an Athenian audience.' If the audience esteems a given quality, we must say that our hero has that quality, no matter whether we are addressing Scythians or Spartans or philosophers."

---Aristoteles

Nu zijn er lezers die geloven dat hun speech niet past binnen deze drie divisies. Hun speech draait erom het publiek te informeren, inspireren, motiveren, of vermaken. Nu vallen 'inspireren' en 'motiveren' eigenlijk wel binnen de drie divisies. Je inspireert of motiveert het publiek tot een doel, je wilt dat ze er iets mee doen. Entertainment, puur voor vermaak, past niet goed binnen de kunst van retoriek. Vermaak als hulpmiddel ja, maar vermaak als primair doel niet. Informeren, puur om te informeren, is les geven. Hier kunnen vrijwel alle standaard methodes worden gebruikt. Je moet mensen bij informeren namelijk ook overtuigen. Je moet ze overtuigen dat het onderwerp interessant is. Dat het nuttig is om er iets over te weten. En je moet een duidelijke structuur hebben. Want wat is het belangrijkste dat je wil dat ze onthouden aan het einde van je speech?

12 EPILOOG

De epiloog bestaat uit vier delen. U moet (1) het publiek goedgezind tegenover uzelf en slecht afgezet tegenover uw tegenstander maken, (2) de belangrijkste feiten vergroten of verkleinen, (3) de vereiste staat van emotie opwekken bij uw toehoorders, en (4) hun herinneringen.

The Epilogue has four parts. You must (1) make the audience well-disposed towards yourself and ill-deposed towards your opponent, (2) magnify or minimize the leading facts, (3) excite the required state of emotion in your hearers, and (4) refresh their memories.

----Aristoteles

Ik hoop ten zeerste, dat je van dit boek genoten hebt. Dat er iets in stond, wat je nog niet wist, en waarvan je het nuttig acht dat je het nu wel weet. Ik hoop dat het fijn en soepel te lezen was, zonder een lezer hoofdpijn te bezorgen. We zijn alle aspecten over de retoriek door gegaan. De drie pillaren, de vijf canons, de drie divisies, eindeloze logische drogrederingen en retorische hulpmiddelen. Tal van quotes van Aristoteles zelf, om mijn eigen ethos te versterken en een gevoel van autoriteit aan het boek toe te voegen, en her en der zelfs nog een quote van iemand anders er tussen.

"Ik acht hem moediger die zijn verlangens overwint dan hij die zijn vijanden overwint; want de moeilijkste overwinnaar is over zichzelf."

"I count him braver who overcomes his desires than him who conquers his enemies; for the hardest victor is over self."

— Aristoteles

De vraag blijft op dit moment, welke emotie heeft dit boek getracht om bij jou aan te wakkeren? Het antwoord is liefde. Liefde, en respect. Liefde voor retorica. Respect voor Aristoteles zijn kennis. Ik begon dit boek met een reactie op de slechte naam die retoriek heeft. Ik hoop dat na het lezen van dit boek duidelijk is dat retoriek helemaal niet slecht is, maar juist een vergeten wijsheid. Ik hoop dat, na het lezen van dit boek, je de kennis in kunt zetten om mensen te overtuigen onze wereld een stukje mooier te maken.

Ik geloof dat er veel kennis zit bij de oude Grieken en Romeinen. Kennis die we weer gevonden hebben tijdens de renaissance, en die in de laatste eeuwen opnieuw is verdwenen. Ditmaal niet door een gebrek aan toegankelijkheid van deze oude bronnen, maar door een overmaat van nieuwe informatie. Niet enkel boeken, maar ook alle andere afleidingen die we over het internet tegen komen. We zijn zo arrogant, dat we geloven dat er geen bruikbare kennis meer zit in deze oude bronnen. Dit boek had echter niet geschreven kunnen worden zonder Aristoteles, zonder Cicero, en zonder de talloze mensen die door de eeuwen heen hun kennis hebben bewaard. Ik hoop dat je niet enkel een hervonden respect voor de oudheid hebt, maar daarbij ook jouw nieuwvergaarde kennis over retorica effectief kunt toepassen.

"Je zult nooit iets in deze wereld doen zonder moed. Het is de hoogste kwaliteit van de geest naast eer."

"You will never do anything in this world without courage. It is the greatest quality of the mind next to honor."

— Aristotle

Laat dit boek een hulpmiddel zijn over de jaren, iets waar je met regelmaat op terug blikt. De kennis van de oudheid blijft zo bewaard, en een actief onderdeel van ons moderne leven. Het is nooit te laat om iets te leren.

OVER DE AUTEUR

Robert J. Adrianus is geboren in het Brabantse Roosendaal. Hij heeft International Business Administration, BSc en Supply Chain Management, MSc gestudeerd aan de Universiteit van Tilburg. Daarna was hij werkzaam in het management bij een grote multinational in Engeland, waar hij vervolgens intern training gegeven heeft op verschillende plaatsen in Europa. Tegenwoordig is hij dichter bij huis gevestigd, en resideert hij in het westen van Duitsland.

Made in the USA
Las Vegas, NV
18 May 2022

Made in the USA
Las Vegas, NV
18 May 2022

49042059R00108